20.000

DMG
¿HÉROE O VILLANO?

J. G. ORTIZ ABELLA

DMG

David Murcia Guzmán
¿Héroe o Villano?

EDITORIAL OVEJA NEGRA
QUINTERO EDITORES

1ª edición: diciembre de 2008

©   **Editorial La Oveja Negra Ltda., 2008**
editovejanegra@yahoo.es
Cra. 14 Nº 79 - 17 Bogotá, Colombia

Quintero Editores Ltda., 2008
quinteroeditores@hotmail.com
Cra. 4 Nº 66 - 84 Bogotá, Colombia

ISBN: **978-958-06-1115-8**

Portada: Gustavo Mantilla - Diego Rodríguez

Impreso en Colombia - Printed in Colombia

*A mis hijos y mi esposa que
son mi lección de vida.*

*"En nuestros locos intentos,
renunciamos a lo que somos
por lo que esperamos ser"*
William Shakespeare

QUINTA PARTE
CLAVES DEL FUNCIONAMIENTO DE DMG

SEXTA PARTE
LAS ACUSACIONES CONTRA DMG

SÉPTIMA PARTE
¿HÉROE O VILLANO?

PRIMERA PARTE

LA CAPTURA

1
PANAMÁ:
EN MEDIO DE LA CARRETERA

Vestía un bluyín combinado con zapatillas y camiseta rojas, todo su vestuario era de reconocidas marcas por lo cual bien pasaba como un visitante más en un país que vive de esta industria turística atraída en torno de su maravilloso Canal Interoceánico y de los servicios financieros: la República de Panamá.

Pero hacia las 11:00 de la noche de ese miércoles 19 de noviembre de 2008, una vez la Policía Nacional de Panamá identificó plenamente a David Eduardo Helmut Murcia Guzmán, con pasaporte de la República de Colombia Nº 80086615, se dieron cuenta de que no era un turista más: había caído uno de los "cerebros financieros" más buscados en Colombia y le dieron entonces cumplimiento a la Resolución Nº B-259 / 11-2008 emanada de Interpol Bogotá con la cual se pedía su captura por el presunto delito de captación masiva y habitual de dinero y lavado de activos.

David Murcia Guzmán, como se le conoce ahora en miles de cables internacionales, es un reciente personaje que tiene conmovida la sociedad colombiana y puso en duda - por primera vez en seis años - la reelección del propio Presidente Álvaro Uribe Vélez. Quien lo creyera. Lo que no logró la oposición del Partido Liberal con todo un Ex Presidente a la cabeza, Cesar Gaviria Trujillo, ni el partido izquierdista de oposición democrática El Polo, con el Ex Alcalde Lucho Garzón, ni los "falsos positivos" del Ejército que costó la destitución de 27 militares incluidos tres Generales, este joven Murcia en cambio, de tan solo 28 años puso en Jaque al Gobierno actual. Departamentos enteros como el Putumayo, Nariño, Valle, Antiguo Caldas, Cauca y Bogotá misma vieron multitudinarios desfiles de protesta contra el Gobierno en defensa del joven Murcia. Se habla de entre dos y cuatro millones de colombianos que se beneficiaron con creces cuando vieron incrementar sus ingresos y sus ahorros gracias a David Murcia. Inicialmente los pobres y luego hasta los sectores mas pudientes, confiaban a fe ciega en David Murcia quien en solo seis meses doblaba y entregaba religiosamente a quien le compraba tarjetas prepago el doble o el triple de lo depositado por cifras entre 100 dólares y 200.000 dólares. ¡Válgame Dios!

Todos se beneficiaban de los dineros de David Murcia e inclusive un "Dream Team" de abogados de la talla de un Ex Procurador Jaime Bernal Cuéllar, un Ex Vice Fiscal General Armando Otálora, Margarita Pabón Castro, Abelardo De La Espriella abogado de algunos de los "celebres" convictos de Narcotráfico y Paramilitarismo, cobraban todos a una, luengos honorarios por "asesorar" a David Murcia o a sus empresas, algunas de nombre DMG, que son las siglas mayúsculas de David Murcia Guzmán, pero luego vieron todos juntos, abogados e implicado, ver caer como un castillo de naipes el Imperio de David Murcia, ese día en Panamá y corrieron algunos a renunciar a su defensa. Jamás en Colombia, un personaje del "sector financiero" o del "sector empresarial" había tenido tanto reconocimiento popular y adoración suma por millones de colombianos.

David Murcia el día de su captura, arribó a una finca en la zona rural de Campana, Distrito de Capira, a 60 kilómetros al oeste de Ciudad de Panamá, en compañía de más 20 personas entre escoltas, ayudantes y personal de confianza, tratando de evadir el cerco de las autoridades panameñas, debido al escándalo que explotó en Colombia a raíz del desplome por ser acusado que sus tarjetas prepago eran "pirámides" financieras que se instalaron en la zona suroccidental del país; por ello las autoridades colombianas decidieron intervenir a este tipo de empresas, entre ellas el Holding DMG presidido por David Murcia Guzmán.

A las 10:00 de la noche David Murcia se disponía a trasladarse, junto con 14 escoltas, a un complejo turístico de la zona con la intención al parecer, de planear su paso hacia Costa Rica, en donde gozaría de "inmunidad" debido que esta nación no tiene tratados de extradición con Colombia.

Pero antes, decidió caminar por la vía principal de la comunidad de Campana, una zona que se destaca por estar rodeada de casa quintas de veraneo y de pujante crecimiento del sector inmobiliario, pues bien en el preciso instante en el que David Murcia abordaba una Toyota Prado de color gris con la matrícula Nº 699797 fue detenido por las autoridades panameñas; en ese momento tan sólo tenía 2 de los 14 escoltas; no pusieron resistencia, y a uno de ellos le fue decomisada una pistola Glock, con cargador y 15 municiones sin usar. A cada uno de ellos le fueron leídos sus derechos y los motivos de la detención.

De inmediato, y en medio de un fuerte operativo de seguridad David Murcia fue trasladado a las instalaciones de Interpol en Ciudad de Panamá, en la sede de la Dirección de Investigación Judicial, una vez allí se le volvió a poner en conocimiento de sus derechos y detención. Para el Gobierno del Presidente Uribe, el caso DMG y el de las llamadas "Pirámides" se había convertido en un tema fundamental inclusive de orden publico, que lo obligó a Decretar el Estado De Conmoción Social para poder expedir Decretos que permitieran la captura de Murcia, de un socio de Apellido Ángel cercano a los hijos del Presidente Uribe y por tanto al propio Palacio Presidencial. Con base en los Decretos recientes procedió la Fiscalía a ordenar la captura de Murcia y de inmediato acudir a la Interpol para ubicarlo en cualquier país y detenerlo. Posteriormente fue puesto a órdenes de las autoridades de Migración, quienes tramitaron su inmediata extradición a Colombia, a través de un vuelo especial en una aeronave de la Policía de Colombia, que lo llevaría directamente a Cartagena de Indias y de allí al aeropuerto del Comando Aéreo de Transporte Militar –Catam– en Bogotá.

Simultáneamente con su captura, las autoridades panameñas allanaron varias oficinas de DMG y de otras empresas de Murcia Guzmán y sus socios en Ciudad de Panamá. La misma situación ocurría en Ecuador, donde la Fiscalía y la Unidad contra el Lavado de Activos allanaron las oficinas de DMG en Quito. Según el Ministro de Defensa de Colombia, Juan Manuel Santos, "entre las propiedades de Murcia se hallaron tres yates, dos aviones, 12 lujosos vehículos e innumerables inmuebles que demuestran un alto nivel de vida, propio de narcotraficantes".

Cooperación internacional

La captura de Murcia Guzmán se da gracias a eficaz participación y colaboración de las autoridades de Colombia y Panamá con la colaboración de la Interpol. Apenas 24 horas después de que Interpol Bogotá emitiera la Circular Azul, con la cual se pedía la captura de Murcia, esta era efectiva, gracias a la acción de los oficiales del Centro de Comando y Coordinación de la Secretaría General de Interpol en Lyon, Francia, asistidos por sus pares de Bogotá y Ciudad de Panamá.

"La rapidez y la eficacia con la que Colombia y Panamá fueron capaces de llevar a cabo esta detención es un crédito a los funcionarios encargados de hacer cumplir la ley y los organismos de ambos países y demuestra claramente la eficacia de los mecanismos transfronterizos de cooperación", expresa Jean-Michel Louboutin, Director Ejecutivo de Servicios de Policía de Interpol.

El Rey Murcia

David Murcia Guzmán tiene 28 años y hace cinco años no tenía con qué comer, había trabajado de niño en una panadería empacando pasteles, luego de joven bachiller haciendo videos turísticos en Santa Marta, en la Costa Caribe colombiana grabando videos con recuerdos de playa y mar para los turistas y recién casados, y mas tarde en Orito en el Departamento Putumayo en una emisora religiosa y sobreviviendo en una pieza de alquiler compartida con un amigo, vendiendo perfumes y electrodomésticos para convertirse luego en un Rey Midas con su ingenio financiero que llego a preocupar al propio Sistema Bancario colombiano al crear su DMG. Hoy quien hasta hace meses vivía cómodamente en Panamá está tras las rejas en la cárcel La Picota de Bogotá y le podría condenar a largos años de cautiverio.

Había estructurado un complejo y novedoso esquema de negocios cruzados entre compraventa de productos comerciales con un hábil manejo de dineros e inversiones de altísima rentabilidad que permitía a los clientes de DMG multiplicar su dinero en pocos meses; Murcia Guzmán creó así un emporio hasta ahora no aun descifrado por nadie en Colombia, que hoy está en seis países: Colombia, Panamá, Venezuela, Perú, Brasil y Ecuador, y maneja miles de millones de dólares.

Sus millones de beneficiados, hasta el día anterior a ser intervenidas sus centenares de empresas, nadie había perdido un solo peso o dólar con Murcia y lo defendían y defienden a capa y espada y acusan al Gobierno del Presidente Uribe, de haber protegido a los banqueros que se estaban viendo afectados por la fuga de sus depósitos hacia las arcas de Murcia.

El Gobierno en cambio, y la Fiscalía encontraron mérito para enjuiciarlo, allanar sus empresas, expropiarlas y detenerlo.

David Murcia que comenzó para protegerse del Gobierno colombiano acabó viviendo en Panamá en medio de excentricidades gracias a la fortuna amasada con su negocio. Se convirtió en el "Rey" de las clases más necesitadas y oprimidas de Colombia, pues muchos de los que invirtieron en la red de DMG provienen de los estratos más pobres y ven a Murcia como un salvador que les ha permitido mejorar su calidad de vida rápidamente, sin tanto esfuerzo y al que están dispuestos a defender a como de lugar de los abusos de las autoridades. "Crean en ustedes mismos, en Dios, en DMG y en David Murcia Guzmán", dice uno de los mensajes publicados en la red de amigos de Murcia en Facebook, una de las que tiene más afiliados en Colombia.

Su éxito empresarial ha sido tal que hay quienes creen que el próximo paso de Murcia sería la política. Parte de su estrategia, copiada según él, de la multinacional Coca-Cola, ha sido construir una marca alrededor de sí mismo: DMG.

Además, se aseguran que, como todo millonario reciente, el colombiano tenía su disposición tres yates, un jet ejecutivo y una avioneta, automóviles Ferrari y Maserati y motos Harley Davidson, y vestía con trajes exclusivos, bellas modelos y darse el lujo de contratar a un equipo de celebres abogados que le cobraban elevados honorarios, pero al primer combate jurídico, algunos de ellos tomaron las de Villadiego.

De otra parte David Murcia Guzmán encarna el sueño de prosperar y este escándalo se ha destacado por el marcado apoyo del público a la firma y a su creador y por la justificación que hacen los clientes a esa forma de ganar intereses, frente los malos servicios, altos costos y estrictos requisitos de la banca. Desde su refugió en Panamá, donde era poco conocido, Murcia se vendía como una víctima de las autoridades y de sectores dirigentes, especialmente de los grupos financieros. Esto lo explica en un video que aparece en You-Tube y en el cual le "declara" con soberbia excéntrica, la guerra al Grupo Aval (el primer grupo financiero de Colombia) y a su presidente Luis Carlos Sarmiento Angulo, a quienes responsabiliza indebidamente de "lo que pueda pasarle a él, su familia y sus empresas, según Murcia, por la persecución desatada contra DMG y el cierre de sus cuentas en los bancos del Grupo".

Pero a raíz de los descalabros de otras captadoras ilegales de fondos, según el Estado, se inició entonces la persecución e intervención de este tipo de "empresas", entre ellas DMG, la cual, en principio, fue sancionada con multimillonaria multa por no tributar al Estado con el pago de los impuestos reales por sus actividades. La empresa manejaba al parecer una doble contabilidad, según se deduce de comunicaciones telefónicas de Murcia con sus empleados y que fueron interceptadas y anunciadas por las autoridades judiciales de Colombia.

2
DAVID MURCIA GUZMÁN
VS.
EL PRESIDENTE ÁLVARO URIBE V.

Días antes que se produjera su captura y la intervención estatal de sus empresas que formaban parte del Grupo DMG, David Murcia dio unas declaraciones a un medio radial de comunicación, en la cuales se defendía de las acusaciones de las cuales era objeto. Eran los días de la libertad, de sus libres movimientos en Panamá y en lo cuales todavía los clientes hacían filas frente a las sedes de DMG para invertir su dinero con la esperanza de unos rendimientos financieros de ensueño.

En esa entrevista David Murcia le formuló una llamado al Presidente de Colombia Álvaro Uribe Vélez para que "se entere en qué andan sus hijos Jerónimo y Tomás Uribe", cuando fue preguntado por un documental creado por uno de los hijos del presidente Uribe Vélez y producido por Body Channel. "No está enterado de los que hacen sus hijos. Es un mal presidente y un mal papá", afirmó David Murcia.

En respuesta a estas afirmaciones Jerónimo Uribe –hijo mayor Uribe Vélez– reveló que "sí hizo contactos en el año 2006 con Daniel Ángel, amigo de su hermano y entonces director del canal Body Channel, pero que cuando se enteró, en febrero de 2007, del dudoso capital de la empresa, se retiró y dejó su proyecto sin facturar un solo peso a DMG". "Si el señor Murcia tiene alguna factura o contrato firmado por mí, que lo muestre. Yo dejé esa idea para que hicieran lo que quisieran con ella y no sé si hicieron más programas", afirmó Jerónimo Uribe. En entrevista con la misma emisora, el Presidente Uribe rechazó las afirmaciones de David y desmintió que sus hijos estuviesen involucrados con DMG.

Pero el 6 de diciembre de 2008, Jerónimo Uribe admitió, a una revista de circulación semanal en Colombia, el haber sostenido una relación comercial con una empresa de la comercializadora DMG: la empresa de artesanías 'Salvarte', propiedad de Jerónimo y Tomás Uribe, hijos del mandatario, quien estuvo presente en diciembre de 2006 en el lanzamiento del canal Body Channel, de propiedad de la polémica DMG. En la investigación realizada "Jerónimo Uribe aceptó haber tenido una 'pequeña relación comercial' pero sólo con (Daniel) Ángel Rueda, con cédula 80.424.849, primer renglón de la Junta Directiva de Body Channel S. A. Canal del Cuerpo S. A. Explicó que para el lanzamiento del canal envió cerca de 15 prendas para que lucieran las modelos, asegurando que no se recibió por ello "pago alguno".

Sin embargo, la versión fue desmentida por los hijos del mandatario, en una carta enviada a la revista, en la cual expresan que: "En ningún momento hemos tenido una relación comercial con el señor Daniel Ángel Rueda ni con la empresa de televisión Body Channel. La cita que la Revista pública es falsa. No hemos hecho ninguna transacción, acuer-

do, venta, convenio u otro que configure una relación comercial con Body Channel. El señor Daniel Ángel Rueda
no nos ofreció publicidad ni dinero en contraprestación por
las prendas prestadas para el desfile de Body Channel. Rei-
teramos que no le facturamos absolutamente ningún bien o
servicio a la empresa Body Channel".

En el Senado de la República, Cecilia López Montaño,
Senadora prestante del Partido Liberal, solicito ante las
Cámaras de Televisión, que el Presidente Álvaro Uribe
Vélez y sus dos hijos Tomás Uribe y Jerónimo Uribe, en-
tregaran al Congreso copia de las Declaraciones Tributa-
rias de los años del periodo Presidencial para verificar los
negocios y en que invertían sus ingresos y así "despejar"
dudas ante los diversos rumores sobre los negocios de los
hijos del Presidente. El Presidente al día siguiente en el
Palacio cito a los medios de comunicación y en un breve y
lacónico comunicado defendió a sus hijos e informo que
enviaría a la Procuraduría de la Nación copias de todas
sus declaraciones de impuestos desde antes de ser Presidente y las de sus hijos.

La investigación oficial contra DMG sigue su curso, y
mientras tanto el 21 de noviembre de 2008 más de 200
personas del canal Body Channel, una de las empresas que
formaba parte del emporio DMG, quedaron sin trabajo;
pero la sorpresa fue que recibieron la totalidad de sus res-
pectivas liquidaciones, lo cual es curioso teniendo en cuenta
que las autoridades habían intervenido dicha empresa y
confiscado bienes de sus socios.

En la investigación para este libro se pudo establecer
que varias de estas personas dejaron sus anteriores em-

pleos en reconocidas empresas productoras de televisión, a cambio de jugosos salarios que superaban en 2 ó 3 millones de pesos a los que ya tenían antes y que el tipo de contratos eran verbales o por escrito; que el pago de la nómina se hacía en efectivo y que en una ocasión el Canal sufrió un robo de $300.000.000, en dicho valor estaba incluida la nómina; curiosamente, al día siguiente las directivas del canal pagaron en efectivo la nómina, como era costumbre, y pidieron a sus colaboradores no difundir este hecho.

Cumbre de Ministros: intervenir a DMG

En intervención radial el Presidente de la República Álvaro Uribe Vélez, manifestó que el Gobierno y el equipo económico estudian la posibilidad de intervenir la empresa DMG: *"En estos momentos estamos estudiando cómo se hace la intervención jurídica. Cómo se protege ese patrimonio para devolvérselo a los colombianos".*

Así, después de varias consultas y evaluaciones, se convoca a un Consejo de Ministros en la Casa de Nariño el 17 de noviembre de 2008 y como resultado el Presidente Álvaro Uribe Vélez y sus ministros expiden el Decreto 4333 de noviembre de 2008 con base en el artículo 215 de la Constitución Nacional que declara el Estado de Emergencia Social por 30 días.

Sorprendió que en un país que sufre una continua y elevado porcentaje de familias con pobreza absoluta, con mortalidad infantil por hambre de 20.000 niños y niñas al año, marchas indígenas, se declare la figura constitucional y legitima de Estado de Conmoción Social, solo para el tema de las pirámides financieras y focalizando las medidas alrededor de la figura de David Murcia.

Con este Estado de Emergencia se define el proceso administrativo de intervención, los nuevos procedimientos que se adelantarán y la toma de posesión con fines de intervención en los negocios, operaciones y patrimonio de las personas naturales o jurídicas que desarrollen o participen en la actividad financiera sin la debida autorización estatal, para el caso específico de DMG y de las pirámides. Curiosamente, el sistema de pirámides hacía la devolución del dinero y los rendimientos financieros en cierto tiempo, mientras que DMG entregaba de inmediato una tarjeta de puntos a cambio del dinero depositado, con el cupo de la inversión para ser gastado de inmediato adquiriendo productos comerciales y electrodomésticos y a cambio de un contrato de publicidad de cada tarjeta habiente para difundir DMG, el usuario podía en un tiempo determinado recibir elevados rendimientos.

Los Decretos emanados del Estado de Conmoción Social procedieron a orientar los procesos para efectuar los inventarios de activos de DMG y de otras empresas que hubiesen captado dinero y tramitar rápidamente las solicitudes de devolución presentadas por las personas vinculadas al caso y los criterios que tendrá en cuenta el Agente Interventor, para la devolución de los dineros entregados por el público a estas firmas captadoras.

Además, al cobijo de la Emergencia Social se redefine las conductas sancionables desde el punto de vista penal, retoma el objetivo de endurecimiento y aumento de las penas para quienes realicen o colaboren con la captación masiva no autorizada de recursos del público. Estas penas oscilarán entre 120 y 240 meses y multa de 50 mil salarios mínimos legales mensuales. Este delito también se convierte en no excarcelable.

De igual manera se establece un nuevo tipo de delito, que señala que quien haya captado recursos del público y no lo reintegre, por esa sola conducta, incurrirá en prisión de 96 a 180 meses, y multa de 133,33 a 15.000 salarios mínimos legales vigentes. Este delito tampoco será excarcelable. En este último delito, por la falta de devolución de dineros antes de la vigencia de esta norma, los fiscales que conozcan de los procesos podrán aplicar de manera preferente el principio de oportunidad en la devolución de los recursos.

3
LOS BANCOS:
CALDO DE CULTIVO PROPICIO PARA DMG

El sector financiero mundial está duramente golpeado por la Crisis Económica Mundial, y Colombia no es la excepción.

Además, el sistema bancario colombiano capta dinero de los ahorradores o inversionistas ofreciendo en retribución 10% anual como tasa de ahorro, mientras que por conceder un crédito (de consumo, hipotecario, tarjetas de crédito, leasing, etc.) cobra las máximas tasas de interés permitidas por el Gobierno en múltiples casos cercanos a 30% con una tasa de intermediación sin precedente en America Latina –el doble que la tasa de intermediación de la banca chilena– que generan trimestralmente destacadísimas utilidades bancarias. En tarjetas de crédito se llega al exceso de cobrar 32,15%.

No existe mayor negocio en el mundo Occidental que traer capital golondrino (pasajero) que internacionalmente cuesta 4% y ponerlo a rentar en Colombia a 30%, en un país en el que el riesgo de devaluación en los últimos ocho años no supera en promedio, el 10% y al contrario desde hace años se presenta la revaluación.

No existe ningún negocio en Colombia mejor que fundar un Banco o crear una DMG. 86% de los colombianos tienen un ingreso mensual igual o menor a dos salarios mínimos, es decir a $950.000 y, por tanto, el 86% de los colombianos no suele ser objeto de crédito para los grandes Bancos colombianos (Grupo Aval, Banco de Colombia) o extranjeros establecidos en Colombia que terminaron por obtener inmensas ganancias para sus casa matrices en España (BBVA, Banco Santander) y los Estados Unidos (City Bank).

Este nocivo caldo de cultivo de la Banca colombiana podría haberse propiciado para que millones de personas buscasen otras opciones de inversión, por fuera del sector financiero y ganar dinero en DMG al dificultarse para un colombiano del promedio tener acceso al crédito interno, a los mercados internacionales de dinero o compra y venta de divisas, al igual que lo hace cualquier multinacional o banco y obtener dividendos jugosos. Según los defensores de DMG, la diferencia radica en que DMG sí distribuye ganancias entre sus inversionistas, mientras que los bancos no.

Adicionalmente la queja de los usuarios de DMG es la bajísima bancarización que existe en Colombia que no alcanza a 20% de la población, mientras en algunos países europeos la bancarización –es decir el porcentaje de personas que tienen cuenta de ahorros o corriente en la banca de su país se acerca al 90% de la población adulta. En Colombia solo tendria acceso al sector bancario un porcentaje mínimo de la sociedad –la que tiene más recursos–, y allí en el sector social de bajos ingresos, marginado por los bancos, DMG encontró un campo de expansión

tres veces más amplio que el de los bancos, hablando po-
blacionalmente.

El fenómeno de las pirámides sorprendentemente se
arraigó en la sociedad colombiana en los últimos cuatro
años que corresponden a la adminstración del Presidente
Álvaro Uribe Vélez, y él mismo reconoció públicamente
que su adminstración no tomó en su momento oportuno
las medidas correctivas que requería la legislación actual
con lo cual las pirámides se volvieron gigantescas y el
colombiano de bajos recursos marginado del sector bancario encontró en ellas el camino de acceso al mundo financiero que le estaba antes vedado. Esta *mea culpa* del
Presidente Uribe le trajo varios dolores de cabeza por ser
un mal desarrollado y no controlado en su administración
que lo obligó a decretar tardíamente el Estado de Emergencia Social ante esta hecatombe popular.De no haber
intervenido el Gobierno a DMG, la afluencia de familias a
DMG depositando sus ahorros crecería como espuma, ban-
carizando a sectores marginados por la cerrada banca colombiana y tal vez hasta causar un grave perjuicio al sector bancario. En un país de 44 millones de personas con
un bancarizacion de sólo 18 ó 20%, DMG tendría un in-
menso potencial de expansión pues en pocos años más de
4 millones de colombianos se habían beneficiado de los
elevadísimos réditos de sus dineros entregados a DMG.

4

Los allanamientos y la toma de DMG

Dos días antes de la captura de David Murcia en Panamá, la Superintendencia de Sociedades ordenó la intervención a la sociedad DMG Grupo Holding S.A., mediante la toma de posesión de sus bienes, haberes y negocios, luego de establecer la captación masiva de dineros en efectivo del público mediante lo que denominan "venta de tarjetas prepago DMG", y entregando como contraprestación bienes y rendimientos en cuantía financieramente inexplicable y desproporcionada.

Durante las investigaciones administrativas a la sociedad DMG Grupo Holding S. A., Superintendencia de Sociedades encontró hechos notorios y objetivos de captación y recaudo de dineros sin autorización.

La empresa, según lo determinado por Supersociedades, mostró en todo momento una actitud renuente ante los requerimientos para que suministrara la información de las operaciones que habían producido una cuantiosa y masiva cifra de dinero recaudado.

Sumado a lo anterior, se advierte la existencia de un flujo permanente y continuo de personas que entregan dinero a cambio de las citadas tarjetas prepago, recibiendo como contraprestación, en cuantía al parecer financieramente inexplicable y desproporcionada, bienes y rendimientos, situación constitutiva de un hecho notorio en aproximadamente sesenta oficinas o locales en todo el país.

Por ello, la Superintendencia de Sociedades consideró procedente la intervención en los negocios, operaciones y patrimonio de DMG, mediante la medida de toma de posesión para devolver, de manera ordenada, las sumas de dinero aprehendidas o recuperadas, y designó como Agente Interventora a María Mercedes Perry F. quien actúa, al intervenir por orden legal, las empresas DMG, como liquidadora de la sociedad DMG Grupo Holding S. A.

Mientras tanto, la Policía Nacional a través de los comandantes de estación, llevaron a cabo las diligencias de cierre, postura de sellos, cambios de guarda, de las oficinas, sucursales, agencias y establecimientos de comercio donde venía funcionando y desarrollando su actividad DMG Grupos Holding S. A.

De los lujos excéntricos al frío calabozo

Todo lo anterior ocurrió sólo dos días antes que David Murcia fuese traído a Colombia procedente de Panamá, en donde fue capturado.

15 horas después de su captura, David Murcia Guzmán aterriza esposado en Bogotá, aeropuerto Militar de Catam, procedente de Cartagena, a bordo de un Cessna 26 de la Policía Nacional de Colombia de matrícula 0221 PNC, en medio de un fuerte operativo de seguridad y prueba de ellos es que Murcia es recibido por más de 15 agentes de la Dijín y del CTI que le sirven escolta desde la escalerilla del avión hasta uno de los vehículos blindados que lo tras-

ladan a los calabozos de la Fiscalía General de la Nación.

David Murcia aparece con la misma vestimenta que tenía en el momento de su captura, luce su larga cabellera como cola de caballo, su figura delgada y esposado de pies y manos; los medios de comunicación nacionales e internacionales apostados para hacer el cubrimiento noticioso de su llegada a Bogotá le increpan para que haga declaraciones a sus empleados, a sus clientes, al país, pero el guarda absoluto silencio, tal vez en su mente cruzan los instantes en los que fue apresado en Panamá, cómo vivía rodeado de lujos, cómo creció su imperio, que hay gente que lo quiere y gente que no, en su infancia, en las privaciones por las que pasó… pensaría cuando era todopoderoso que sus palabras eran ley, palabra dicha era orden cumplida, pero que ahora ni siquiera un gesto podría recomponer su pasado; en esos momentos de su boca no emergía palabra alguna.

La fila de camionetas blancas cruza rauda y veloz la Avenida de la Esperanza hasta el cruce con la carrera 50 de la ciudad de Bogotá, en una de ellas Murcia Guzmán cavila sobre lo que será su futuro, pues debe enfrentar cargos de lavado de activos, enriquecimiento ilícito, concierto para delinquir, captación masiva de dineros y cohecho. Una vez en el búnker de la Fiscalía, la juez 31 de control de garantías legaliza la captura del Presidente de DMG quien rindió indagatoria pública en el búnker de la Fiscalía. Y en la noche del jueves David pasa su noche en una celda de 3 x 3 metros y con una reja pintada de color dorado, la cual de seguro le haría rememorar sus lujos perdidos.

El equipo de abogados liderado por Abelardo de la Espriella, su defensor público más notorio ante las Cámaras de Televisión en un Programa o Juicio Público donde demostraba dominicalmente ante el país, que David Murcia era un respetuoso cumplidor de la ley y un Prohombre de la democracia financiera, y defiende los balances de todas sus empresas e inclusive se enorgullece de dirigir la defensa de su cliente David Murcia Guzmán.

Además, días antes de la captura el abogado De la Espriella, exitoso defensor de acusados de narcotráfico y paramilitarismo, presenta en un hotel del norte de la ciudad Bogotá la estructura del grupo DMG, a su abogada en los Estados Unidos y parte de sus inversionistas extranjeros. Pero dos días después de la captura de su cliente el abogado De La Espriella renuncia a seguir defendiendo a su cliente aduciendo que había recién descubierto que su defendido DMG llevaba una doble contabilidad y que él sólo conocía una.

De abogado defensor de su cliente a abogado acusador de su cliente. Dimes y diretes de esta joven generación de abogados.

El caso es tomado entonces por el abogado Mario Serrato quien, en un comunicado fechado el 29 de noviembre de 2008, aclara a la opinión pública nacional e internacional que su cliente David Murcia Guzmán se encuentra recluido en la Cárcel La Picota de Bogotá, en óptimas condiciones de salud, en una celda que comparte la celda con Daniel Ángel y da detalles como que en la celda hay una mesa plástica que sirve de escritorio a David Murcia, que no está incomunicado, pues recibe visitas diarias de su abogado y de otras personas, previo consentimiento, que en los primeros días de diciembre le será instalado un televisor para que tenga otro medio de información además del radio eléctrico que le acompaña.

David Murcia Guzmán no está en huelga de hambre, pues se alimenta con la comida que le da el penal, que le recuerda sus aciagos días de pobreza infantil y juvenil; su cuidado personal sigue siendo impecable y vanidoso.

Junto con el abogado Serrato, David Murcia está en negociaciones con la Fiscalía en cuanto a la aplicación del principio de oportunidad, y pidió a todos los miembros de la familia DMG solidaridad y pleno respeto por las autoridades.

SEGUNDA PARTE

**¿QUIÉN ERA DAVID MURCIA
EL REY DE DMG?**

1
Origen de David Murcia Guzmán

A su llegada a Bogotá, después de estar viviendo en Panamá desde el año 2005 gracias a una visa de turista, David Murcia Guzmán recordaría su infancia y todas las vicisitudes por las que tuvo que pasar desde que nació en Ubaté, Cundinamarca, el 29 de julio de 1980, y formaba parte de los más de 39.000 habitantes de este poblado distante de Bogotá 97 kilómetros al norte en la Sabana que lleva su mismo nombre.

En los registros oficiales figura Jorge Murcia y Amparo Guzmán de Murcia como sus padres, Jorge Murcia falleció de gangrena en 1987 debido a un accidente de trabajo que le causó una herida en una de sus manos; David Murcia y sus hermanos tiene muy pocos recuerdos de su padre, pues ellos eran apenas unos infantes cuando el jefe de la familia falleció. Este hecho, que marcaría la vida de David Murcia quien tendría a lo sumo siete años de edad, y ocurrió mientras vivían en Bogotá, por lo que se vieron obligados, en medio de la pobreza y la desidia, a volver a Ubaté y su madre dejó a sus hijos varones al cuidado de los hermanos de su esposo fallecido; mientras que ella se llevó a las hermanas de David a abrirse camino en medio de la maraña de una nación con difíciles oportunidades para los más desprotegidos por la vida, el destino o ausencia centenaria de una equitativa inclusión social.

David Murcia queda entonces al cuidado y amparo de su tío Benedicto Murcia, un venerable campesino de algo más de 75 años de edad, quien aún hoy vive en su natal Ubaté de donde ha viajado sólo hacia Bogotá, y quien recuerda a David como un niño inquieto, de temperamento fogoso, inteligente y con ganas de saborear el mundo a enormes mordiscos, hasta el punto que le decía a sus familiares que "cuando sea grande voy a tener muchísima plata, voy a ser rico". La convivencia con su tío Benedicto era extraña, pues aunque le prodigaba amor y cuidados, David sólo llegaba a dormir en un desvencijado catre en el cual se acomodaban hasta cinco niños más, o transcurrían días sin que David asomara por la casa. Pero cuando David no iba a dormir a casa del tío Benedicto, era porque se quedaba donde Rosmary, una tía política de David quien en más de una ocasión le brindó sus maternales cuidados.

Tres años después, cuando David tenía 10 años, se reunieron con su familia en Cúcuta donde vivieron por cuatro años más y retornaron a Bogotá para que David culminara los estudios de bachillerato, los únicos formales que ha cursado, ni ha tenido estudios en economía ni finanzas. Sorprendente. Autodidacta.

Una vez en la capital de Colombia obtuvo un trabajo como empacador en una fábrica de ponqués.

Al año siguiente se vinculó a una agencia que hacía *casting* de extras para televisión, donde trabajó como camarógrafo, tiempo después llegó a ser Director de *casting* en producciones de cine y televisión colombiana, de las cuales Murcia destaca con orgullo la película *Bolívar soy yo*.

Salir de pobre

En el año 2001, por un despecho amoroso, se desplaza a vivir a Santa Marta donde inicia de nuevo a ganarse la vida en otra profesión: produciendo videos turísticos para los "cachacos y paisas" que viajan de romance o paseo familiar al mar Caribe.

Dos años más tarde, en 2003, se traslada a Pitalito (Huila) donde funda la Red Solidaria DMG, y hace promociones de productos que Murcia inicia su comercialización, lo cual seria a la larga el inicio de asociar préstamos y depósitos con intercambio de mercancías, que luego consolidaría con su increíble DMG. Así vendía rifas de carros y gestionaba el subsidio de atención médica a personas de bajos recursos. De Pitalito, según el mismo Murcia, debió salir por comentarios de indelicadezas, pero ya se perfilaba como una especie de Robin Hood criollo.

A finales de 2003 Murcia llegó a La Hormiga (Putumayo) sin dinero, por lo que se involucra en trabajo social de la Parroquia del Perpetuo Socorro, y gracias al párroco obtiene un programa radial en la emisora parroquial con el que sobrevive mediante el intercambio publicitario y la venta de rifas. Según documentos encontrados por la Fiscalía colombiana, hasta 2005 trabajó promocionando videos con un modesto sueldo de $309.000.

A principios de 2004 logró gestionar en Bogotá un crédito de un millón de pesos (500 dólares) en productos naturales, luego reaparece en La Hormiga con electrodomésticos que, según Murcia, adquiere para revender con los anticipos de los mismos compradores y un préstamo de cinco millones que le facilita una benefactora.

Inicia un prospero negocio personal recibiendo dinero de sus clientes para que viaje a Bogotá y les compre electrodomésticos que no llegan a La Hormiga y pueblos vecinos.

También recibe préstamos para tener así un mayor capital de trabajo y paga 10% mensual, que lo recupera adquiriendo de contado electrodomésticos con altos descuentos y vendiéndolos a precios mas elevados. En pocos meses Murcia emprende la apertura de sucursales en los pueblos cercanos a La Hormiga con el uso de la razón social DMG, acrónimo de su nombre.

Un amigo lo invita a escuchar una conferencia que dicta un ejecutivo de Coca Cola, sobre el concepto de la importancia de la Marca Coca Cola. Murcia descubre así cómo crear y tener una Marca: es una autentica revelación milagrosa, la piedra filosofal del mundo empresarial moderno e ingresa así mágicamente en el mayor proyecto de su vida: ¡Crear una Marca con su propio nombre! Para David Murcia Guzmán, DMG es un valor en sí mismo, una marca que se propone valorizar y que ella misma genere confianza, credibilidad, con lo cual su empresa Comercial-Financiera crecerá como espuma.

Ya en 2005 funda en Bogotá la empresa "Grupo DMG S.A." con un capital de 100 millones de pesos para la comercialización de productos, hecho que le dio la posibilidad de contar con un importante flujo de efectivo que las autoridades atribuyen que se apoyaba también en la innegable economía subterránea colombiana que desde hace tres décadas ha penetrado empresas, bancos, clase política, empresas, laboratorios químicos, constructores, hoteleros, equipos de fútbol, modelos, presentadoras, reinas, prepagos, y que se expandió en esa región olvidada de Colombia, Putumayo, con la producción de pasta de coca.

2
EL EMPORIO DMG: ¡800 EMPLEADOS!

El corazón del negocio de DMG se expande como espuma:

- Para los usuarios depositantes DMG es un negocio sano de compra-venta de Tarjetas DMG Prepago cambiables de inmediato por productos comerciales con un sobrecosto a veces de 30% pero con la zanahoria de recibir seis meses después un doble valor igual en dinero.

- Para los banqueros tradicionales y para el Gobierno es simplemente una vil Pirámide, captadora de dinero, que iba a terminar estafando a millones de personas.

- Para los mas desconfiados, analistas o intuitivos, DMG es otro ingenioso lavadero de dineros mal habidos, ya sea de narcotraficantes o contrabandistas de los San Andresitos.

La Oficina DMG en la práctica es simplemente una oficina que sobrepasa las 50 personas empleadas, para una rápida atención y así muchas familias tienen un trabajo estable. Dentro de las instalaciones, la explicación del modelo de trabajo e inversión es por medio de una conferencia obligada, rápida, clara y convincente. Del lugar sale un cristiano con el pensamiento claro: hay que invertir o me tengo que afiliar. Es la oportunidad de mi vida para superar mi pobreza, duplicando mi capital y mis ahorros en solo seis meses.

DMG, es la sigla del nombre del principal dueño David Murcia Guzmán, quien en realidad se llama David Eduardo Helmunt Murcia Guzmán quien está casado con Joanne Ivette León Bermúdez su esposa y principal socia con la madre de Murcia.

Las inversiones o compras que se pueden hacer van desde 100.000 pesos alcanzando, incluso, hasta 400 millones de pesos.

Los nuevos socios de la empresa abren diferentes oficinas en la ciudad y el país. Solo en Bogotá barrios como Cedritos, Kennedy, San José, Venecia, Chapinero, Restrepo y Galerías cuentan con oficinas abiertas para atender al público y para recibir a los miles de personas que cada día se quieren afiliar al grupo.

En DMG se puede comprar desde un par de zapatos hasta una casa, pasando por cruceros por el caribe, vacaciones para toda la familia, automóviles y hasta mercado. *"Se pueden tener todas las tarjetas que su bolsillo aguante"*, explica uno de los representantes. *"Aquí se le paga a la gente por hacer publicidad, usted se vincula y nosotros le damos ganancias, es decir, entra a ser nuestro empleado, ya que firmamos un contrato de prestación de servicios en el que las ganancias las obtiene mensualmente y lo mejor llevando lo que necesita para su hogar".*

Sus gustos, su personalidad, sus amores

Murcia, a la cabeza de DMG, se muestra como un gran potentado del sur de Colombia que llegó a tener hasta un canal privado de televisión pasando por su propia empresa transportadora de valores Transval, la cual era manejada por su cuñado y que transportó sin costo alguno, las firmas a favor del Referendo para otra reelección más del Presidente Álvaro Uribe Vélez.

Según el Ministro de Defensa de Colombia, *las últimas investigaciones han arrojado que Murcia llevaba una vida de derroche y ostentación con el dinero efectivo, fruto de la Pirámide DMG, por ejemplo alquilaba todos los cuartos de todo un piso de los lujosos hoteles donde se hospedaba, a tal punto que su última cuenta que pago en un hotel fue de 57.000 dólares. Contaba con una flotilla de al menos 12 vehículos de las más prestigiosas y costosas marcas internacionales entre ellos Ferrari, Mercedes y Lamborghini, entre otros, valuados entre US$150.000 y US$200.000. También tenía tres yates y dos aviones privados.*

Para una persona quien tuvo tantas privaciones en su infancia, es lógico que al volverse un supermillonario a los 28 años, quisiese tener múltiples carros, un yate, un avión, lujos, mujeres, fiestas, en búsqueda del tiempo perdido y como compensación a las innumerables privaciones de la infancia y primera juventud.

Al sentirse en el ojo del huracán se traslada de inmediato a Panamá para protegerse de una sorpresiva captura y allí en Ciudad de Panamá, David Murcia Guzmán vivía instalado en todo un piso en un edificio de la Plaza Miramar de Ciudad de Panamá, a orillas de la Avenida Balboa, en el corazón del distrito bancario y muy cerca de los principales centros de compras, financieros y del Centro de Convenciones Atlapa.

En el mes de julio de 2006 firmó un contrato de alquiler del apartamento 47 en la torre dos del PH Miramar Plaza. El costo mensual del arriendo era de 8.900 dólares. El alquiler se firmó ocho meses después de que el dueño de DMG ingresó por primera vez en Panamá. El contrato, suscrito entre Murcia Guzmán y Enrique Maduro, presidente de Belco Holding, fue certificado en la Notaría Primera. Nada que ver con la pobreza de sus primeros años de vida.

Del lujoso apartamento se le ve salir en un espectacular Ferrari 612 Scaglietti que se lanzó al mercado en más de 350.000 euros, alrededor de 1.000 millones de pesos y que en su versión 2008 viene con dos novedades: un techo solar electrocrómico, capaz de dejar pasar la luz o volverse opaco accionando un botón. La otra novedad es la nueva caja de cambios denominada SuperFast, que consigue cambiar de marcha en 100 milisegundos y reducir la inercia del embrague. Su motor, un 5.7 V12 de 540 caballos, no sufre cambios.

Mucho se habla de su afición por los automóviles y además del Ferrari se le ha visto en en un Lamborghini Diablo, al lado de Ernesto Chong (dueño de un Ferrari F 430), uno de los socios de la firma PMC International Legal Services, quien aparece como agente residente de una de las sociedades en Panamá, vinculadas a Murcia Guzmán.

Una fastuosidad muy parecida a los excesos que se vieron hace tres años en su fiesta de matrimonio con Joanne Ivette León Bermúdez, tres años menor que él, socia principal de DMG Grupo Holding S. A. junto con María Amparo Guzmán, la madre de David Murcia Guzmán. De acuerdo con reportes oficiales Murcia Guzmán ingresó por primera vez en Panamá en noviembre de 2005, según los registros migratorios, y entre 2006, 2007 y 2008, hay informes que ingresó en la república del istmo al menos en 12 ocasiones en calidad de turista. La última vez que Murcia Guzmán pisó territorio panameño fue el 21 de octubre de 2008, con una tarjeta de turista que tiene vigencia de 30 días.

La Superintendencia de Bancos de Panamá reveló que descubrió cinco sociedades anónimas allegadas a Murcia constituidas en Panamá, que la Superintendencia advierte no tienen autorización para ejercer el negocio de banca ni de fideicomisos.

Aparecen, según el informe de la Fiscalía Panameña a la Colombiana, que el registro público o marca de Diversity Marketing Global: fue firmado el 15 de noviembre de 2006. Su agente residente es PMC Internacional Legal Services, y su presidente es Eduardo Bonilla; Intelligent Cards Corp.: se registró el 9 de agosto de 2007. Su agente residente es Garrido & Garrido, y su presidenta es Katia Aparicio; y Comercializadora Virtual S.A.: su agente residente es Ortega-González & Asociados, y su presidente es Luis Antonio Espinosa. La Superintendencia incorporó en esa lista a las sociedades Prive Marine Corp, constituida el 19 de junio de 2007 y cuyo presidente, en papel, es María King, y como agente residente aparece Ortega-González & Asociados. La otra sociedad que aparece en el informe de la Superintendencia es Promotores: su presidente es Otmaro Semeco y el agente residente es Legal Bereaup.

3
EL HOLDING DMG

Dentro del Holding DMG surgieron unas 27 compañías, desde empresas de moda, transportadoras de valores, constructoras de barcos, hasta un canal internacional de televisión; muchas de esas empresas fueron constituidas en un día. Solo una de esas empresas registró en el año 2007 ingresos por 72.000 millones de pesos ubicándola en un abrir y cerrar de ojos en una de las de más rápido crecimiento de todo Colombia, por ingresos. Además de sus sedes en Panamá y Ecuador.

Empresas de DMG

1. DMG Constructores
2. DMG Comercializadora Virtual
3. Factory Models
4. DMG Fashion
5. Hosset Stylelife, Productos naturales.
6. El Gran Trigal
7. Inmuno Vida
8. Bussines System
9. Studio Pilates

10. Body Channel
11. Humor Channel
12. Pabón Castro Abogados
13. L&A
14. Cenco
15. Provitec
16. Searching People
17. Personal Collection
18. Funerales DMG
19. DMG TV
20. Pollo.com
21. Droguería DMG
22. Supermercados DMG
23. Centros de estética
24. Ferretería DMG
25. DMG Comunicaciones
26. Abarrotes DMG
27. Cultivos de savia
28. Farmasentry (farmacia)
29. Productos Naturales DMG
30. DMG Diseño y Arquitectura

En Panamá

Grupo DMG Inversiones Inteligentes S.A.
Grupo DMG Intelligent Cards Corp.

En Ecuador

MarPublish DMG Marketing S.A.

DMG Business S.A.

DMG Comp Comercializadora S.A.

BODY CHANNEL
ON LINE

TERCERA PARTE

**DANIEL ÁNGEL RUEDA
"EL CUYABRITO"**

1
EL "HIJO DE PAPI" DEL COUNTRY CLUB

En lo más selecto de la sociedad bogotana se comentaba en 2007 el espectacular matrimonio y la suntuosa boda en una esplendorosa finca en las afueras de Ibagué, la encantadora Capital Musical de Colombia. Este enlace católico unió a Daniel Ángel Rueda con la bellísima ibaguereña Alexandra Vila.

Daniel Ángel Rueda es miembro de una de las familias más prestantes de Bogotá, socio del Country Club y uno de los invitados al matrimonio de la modelo Isabel Sofía Cabrales con Tomás Uribe Moreno, hijo del matrimonio Uribe-Moreno que hoy habita la Casa Privada del Palacio de Nariño.

El matrimonio de Ángel Rueda con Alexandra Vila se celebró con bombos y platillos; acudió lo más selecto y granado de la sociedad colombiana debido a los nexos sociales del papá de Daniel Ángel, Luis Fernando Ángel, su mamá Diana Rueda, y a los propios logrados por el mismo Ángel Rueda.

Nadie de los compañeros del Gimnasio Moderno o de los socios del Country Club de Bogotá llegaría jamás a imaginarse que este distinguidísmo joven hijo de las mejores familias de las más rancias y aristócratas de las sociedad bogotana, era el mismo presunto delincuente que, por órdenes de la Fiscalía General de la Nación, estaba siendo detenido y esposado a la vista de todas las cámaras de televisión.

La caída de un Ángel –en este caso Daniel– en un apartamento de la calle 95 con carrera 17 de Bogotá y donde se encontraron más de 500 millones de pesos en efectivo, refleja lo que la ambición logra en el ser humano.

Para los televidentes, para los egresados del Gimnasio Moderno y los actuales socios del Country Club, la imagen de hace pocos años de otro distinguido ex alumno y socio se volvía a repetir. Aquella vez fue en la figura de Fernando Botero Zea por haberse visto vinculado con los negocios sucios del dinero del narcotráfico de los Jefes del Cartel de Cali: Gilberto y Miguel Rodríguez Orejuela. También ellos recordarían a Roberto Soto Prieto en el robo de 13,5 millones al Estado colombiano mediante un fraude electrónico.

El «Cuyabro» Ángel Moreno

Luis Fernando Ángel Moreno, de Armenia, más conocido como el «Cuyabro» es un prestante ejecutivo del mundo de las compañías de seguros de Colombia, quien trabaja desde hace décadas en la reconocida firma De Lima & Cía., una de las más prestigiosas compañías aseguradoras del país. El «Cuyabro» se distingue como uno de los mejores profesionales de la Vicepresidencia de Seguros Personales: seguros para carros, para vivienda familiar, etc. Es uno de los socios más reconocidos tanto del Country Club como del Gun Club. El «Cuyabro» Angel Moreno es primo hermano de Bernardo Moreno, Secretario General de la Presidencia del áctual Gobierno del Presidente Álvaro Uribe Vélez.

Su primer enlace matrimonial fue con la distinguida dama Diana Rueda Salazar, la mayor de las hermanas Beatriz, Catalina y Luisa.

El «Cuyabro» con su esposa Diana Rueda tuvieron tres hijos: Camilo, Pedro y Daniel, éste último el mayor.

Los abuelos de Daniel Ángel Rueda son Gustavo Rueda Osorio, un distinguido patriarca de la sociedad bogotana, cuyo primo-hermano es José Alejandro Cortés Osorio el excelente presidente del Grupo Bolívar propietario de Davivienda-Bancafé. Y la abuela es la rspetada dama Beatriz Salazar Argáez hija de Beatriz Argáez y Carlos Salazar del Camino,

Beatriz Salazar Argáez, la abuela de Daniel Ángel Rueda, en sus segundas nupcias casóse con Alberto Preciado Peña, padre de Alberto Preciado Arbeláez, uno de los brillantes ejecutivos de mayor rango del Grupo Bavaria. Luego contrajo terceras nupcias con Álvaro Escallón Villa, el acertado Embajador de Colombia en China.

El «Cuyabro» Ángel al separarse de la madre de Daniel Ángel Rueda se casó en segundas nupcias con su actual esposa Mábel Garcia, quien fuera Presidenta exitosa de una cadena radial colombiana.

"EL CUYABRITO" DANIEL ÁNGEL RUEDA

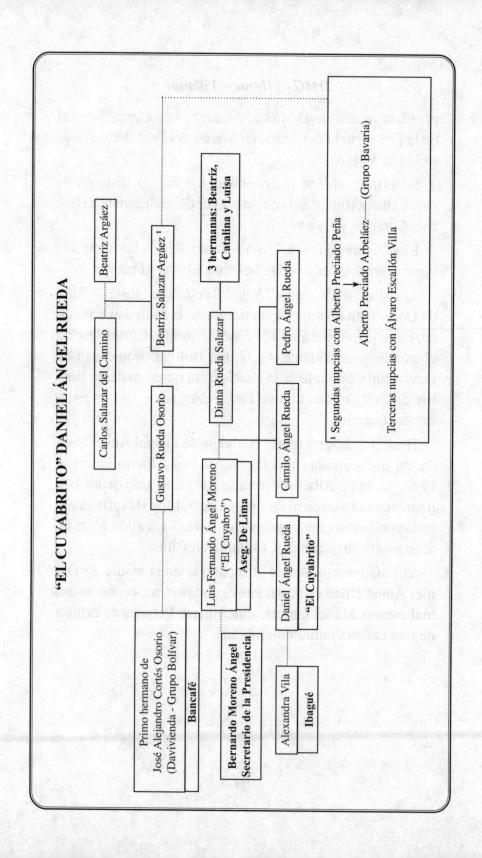

Beatriz Argáez

Carlos Salazar del Camino

Beatriz Salazar Argáez [1]

3 hermanas: Beatriz, Catalina y Luisa

Gustavo Rueda Osorio

Diana Rueda Salazar

Pedro Ángel Rueda

Camilo Ángel Rueda

Primo hermano de
José Alejandro Cortés Osorio
(Davivienda - Grupo Bolívar)
Bancafé

Luis Fernando Ángel Moreno
("El Cuyabro")
Aseg. De Lima

Daniel Ángel Rueda
"El Cuyabrito"

**Bernardo Moreno Ángel
Secretario de la Presidencia**

Alexandra Vila
Ibagué

Alberto Preciado Arbeláez ——— (Grupo Bavaria)

[1] Segundas nupcias con Alberto Preciado Peña

Terceras nupcias con Álvaro Escallón Villa

2
EL «CUYABRITO» DANIEL ÁNGEL RUEDA

Daniel Ángel Rueda estudió en el prestigioso colegio Gimnasio Moderno de Bogotá, fundado por don Agustín Nieto Caballero en 1914 con el propósito de "Modificar la Educación en Colombia" y cuna formativa de nombres ilustres de la vida pública y privada nacional.

Luego se recibió del "Integral", Institución Educativa bogotana que recibe a los estudiantes que "no logran adaptarse a otros centros educativos". A renglón seguido viajó a Australia a estudiar Producción de Cine y Televisión.

Pero antes de su viaje a Australia ya formaba parte del joven semillero de la sociedad bogotana: compartía su amistad, varios momentos sociales y su nacimiento en "una cuna hermosa con varillas de oro", tal como reza la letra de una canción interpretada por el cantante Diomedes Díaz, con personajes distinguidos como Ana Lucía Fernández, Paco De Bedout, Stephanie Lacouture y Alberto Pardo, entre otros. Además, Ángel se codeaba con amigos pertenecientes a las más selectas Universidades de Bogotá, que forman parte de la vida económica, social, cultural o política del país.

Y lo de la "cuna de oro", le venía bien, pues su gusto por la música de la tierra del Valle del Cacique Upar, el vallenato, se afianzó durante la grabación de la serie *Escalona*, inspirada en la vida del ilustre maestro Rafael Escalona, y protagonizada por Carlos Vives.

Y sería el mismo Carlos Vives, y su grupo musical, uno de los artistas encargados de hacer las delicias de la celebración del matrimonio Ángel – Vila y sus invitados, pues durante la grabación de *Escalona*, Carlos y Daniel entablaron una gran amistad, gracias al carisma y alegría de Daniel y la fascinación de Ángel Rueda por el vallenato.

El "Ángel" de David Murcia

Como Ángel era muy conocido en los círculos sociales de Bogotá, tenía entrada franca a clubes como el lujoso Country Club o el prestigioso Gun Club, por ser accionista su padre, donde departía con sus amigos, que eran bastantes, luego iban a departir en "Andrés Carne de Res" y remataban su faena de alegría y jolgorio en "Gaira" un sitio ubicado en el exclusivo sector de la calle 96 con carrera 13 de Bogotá, propiedad de Guillermo Vives, hermano del cantante Carlos Vives.

Así, Ángel se movía como pez en el agua en todas las esferas del poder gracias a sus amistades y contactos. Y entre ellas se destaca la relación amistosa que entabló en Australia con Tomás Uribe Moreno, era el año de 2002; además de sus relaciones con actrices como Lina Angarita, la modelo Ingrid Wobst, la libretista Magdalena Larrota, quien trabajó en Televisión o la ex reina de Cundinamarca Lina María Chedraui quien estuvo en un magazín de televisión y que luego se dedicó a las relaciones públicas.

Después de su regreso de Australia, Daniel Ángel se dedicó de lleno a la televisión, y en una reunión social se conocen Daniel Ángel y David Murcia Guzmán. Pues los unió un medio en común la televisión, pues es de recordar que David Murcia estuvo trabajando un tiempo como coordinador de extras para varios canales de televisión.

Y esto era lo que necesitaba David Murcia para darle un toque de glamour y sofisticación a su naciente emporio, necesitaba de un personaje con excelentes relaciones públicas, fácil acceso a los círculos del poder y un carisma sin igual.

Y por medio de Daniel Ángel, DMG ingresó en el intrincado y sofisticado mundo elitista bogotano. Gracias a Daniel se logró contar con expertos y excelentes abogados, economistas, periodistas, modelos, contadores, actrices, médicos, políticos, administradores, y un sinfín de profesionales al servicio de DMG.

El Body Channel al aire

Fue entonces cuando ambos iniciaron el negocio a lo grande: Daniel Ángel Rueda se convirtió en el todopoderoso director del Body Channel S. A. Canal del Cuerpo S. A. y registran esta sociedad en la Notaría 63 de Bogotá mediante escritura pública 876 del 11 de marzo de 2006, con un capital autorizado y pagado de 100 millones de pesos. En los primeros renglones de la Junta Directiva aparecen, en su orden, Daniel Ángel Rueda, José Luis Arzuaga y Francisco José Saade Granados

El Body Channel es canal codificado de televisión que en algunas partes se recibía en las populares antenas parabólicas, y según la filosofía de David Murcia y Daniel Ángel, "entiende que para cambiar el mundo no basta solo con desearlo. Por eso a través de los diferentes estilos de vida, el canal presenta una gran variedad de contenidos que impactan por su originalidad, vanguardismo, frescura e innovación".

El canal dirigido por Daniel Ángel presenta propuestas audiovisuales de entretenimiento arriesgadas e innovadoras con sus diferentes visiones del mundo a partir de la producción de los mejores programas de moda, estética, estilo de vida, arte y música para todos aquellos que se quieran ver y sentir a la vanguardia de la moda del siglo XXI.

Un canal, un medio de comunicación que refleja en toda su dimensión la esencia de la personalidad de Daniel Ángel Rueda, un "niño bien" de la sociedad que buscó figurar más allá de la ética y que encontró en David Murcia Guzmán la oportunidad que su ambición quería; o tal vez lo contrario, según los más allegados amigos de Daniel Ángel Rueda.

De la mano con DMG

Daniel Ángel Rueda guió a David Murcia Guzmán en un mundo de contactos y de poder con el cual el fundador de DMG siempre había soñado desde sus épocas de pobreza en Ubaté, Cúcuta, Santa Marta, Villavicencio, La Plata y Puerto Hormiga.

Por eso David Murcia se vanagloriaba de estar relacionado con los hijos del Presidente Álvaro Uribe Vélez, con César Mauricio Velásquez, el Secretario de Prensa y con el Secretario de Gabinete, Bernardo Moreno Villegas quien tiene lazos familiares con Daniel Ángel Rueda; además con diseñadores destacados como Ricardo Piñeres, quien vio por última vez a Ángel Rueda en el matrimonio de Tomás Uribe Moreno.

Además, por intermedio de Ángel Rueda, DMG compró, según conversaciones en poder de la DEA, bienes en La Florida y realizó movimientos e inversiones en Fort Lauderdale, New York, Washington, Miami, México, Venezuela y Costa Rica, que también son rastreados, debido al hecho de "intercambiar más de 300 correos electrónicos con David Murcia refiriéndose al tema y a la dudas que tenía de figurar como dueño de los bienes de la organización en EE. UU.".

Varios de los amigos incondicionales de Daniel Ángel Rueda han creado un grupo en la comunidad de Internet Facebook en el cual declaran que "este grupo es para apoyar a nuestro amigo del alma Daniel Ángel. Para que sepa que tiene el apoyo incondicional de de sus amigos, que lo queremos con toda el alma y que vamos a estar con él en la buena y en la mala".

CUARTA PARTE

LA FAMILIA DMG

1

LOS ADORADORES DE
DAVID MURCIA GUZMÁN

La popularidad ferviente que despierta David Murcia Guzmán se estima en 4 millones de personas en Departamentos enteros que lo veneran y defienden en calles y barriadas, como Putumayo, Nariño, Cauca, Valle, Antiguo Caldas, Cundinamarca y en varios sectores de Bogotá.

Un fenómeno socioeconómico sin precedente en la historia financiera popular de Colombia que no se puede desconocer ni esconder.

Se ha expresado que hasta el 68% de los adultos de algunas regiones como Putumayo o Nariño efectuaban depósitos mensuales en DMG y el nivel de vida de municipios enteros se habría elevado en los últimos años gracias a Murcia. Algo nunca antes visto. De allí su adoración.

La propia popularidad gigante del Presidente Álvaro Uribe Vélez se vio ensombrecida por primera vez desde que fue elegido en 2002, por el rechazo de los "Demegistas" o Murcianos y millones de personas amenazaron con no volver a votar por Uribe Vélez por haber tocado a su ídolo Murcia que los venía redimiendo de la pobreza como nadie lo había hecho en 50 años.

Dos Representares a la Cámara Orlando Guerra y Miriam Paredes –de los departamentos de Putumayo y Nariño, respectivamente– uribistas, públicamente cambiaron su voto uribista por un voto en contra y así impidieron que la Comisión Primera de la Camara de Representantes aprobara el Artículo que permitiría el Referendo Reeleccionista que favorecía al Presidente Uribe, y votaron en contra aduciendo que primaba el rechazo del pueblo al Presidente en sus regiones, lo cual les impedía moralmente votar a su favor.

Pero Murcia cometió otro imperdonable y grave error. Atacó a los hijos del Presidente Uribe y retó equivocadamente al propio Presidente Uribe Vélez. Producto tal vez de la soberbia de creerse poderoso e invencible. Y casos de soberbia y prepotencia de quienes se creen únicos e indispensables, abundan en la historia de la humanidad antigua y reciente: Desde Alejandro Magno, Stalin y Lenin, hasta Napoleón y Hitler invadiendo Rusia para dominar Europa, o más cercanos a nosotros, como Franco, Pinochet, Fidel Castro, Pablo Escobar, Manuel Marulanda, alias "Tirofijo", que se creyeron mesías irremplazables pero el mundo siguió su rumbo sin ellos. Como si nada.

De irremplazables está lleno el cementerio de la historia. Murcia, el "Intocable" con su inmensa chequera y sus 4 millones de beneficiados cayó en el pecado de la soberbia.

Ahora con la cabeza gacha, encarcelado, esposado, su imperio intervenido, se dice que estaría decididamente "negociando" sus penas y "colaborando" con las autoridades judiciales, para acogerse a las normas vigentes que lo pueden beneficiar o exonerar de ciertos delitos. Y siempre que negocie, encontrará quien le escuche y de nuevo prestantes abogados expertos en el "correveidiles", y estos abogados que sí tienen acceso a los medios, son más escuchados que los otros que no lo tienen. Y así ganan ellos y ganan todos. Hasta Murcia.

En el actual "derecho colombiano" todo es posible. Usted consiga un prestante abogado, páguele en efectivo sus valiosos honorarios y lo demás le llega por añadidura. No importa que su dinero sea sucio o limpio. Poderoso Caballero Don Dinero.

2

MURCIA CUESTIONA A LA BANCA COLOMBIANA

La banca colombiana empezaba a ser criticada por sus altas y desmedidas tasas de intermediación, sus excesivos costos al usuario por cualquier servicio como costo de chequeras, costo de los cajeros automáticos, y sobretodo las bajas tasas de interés pagadas a los ahorradores que les deposita su dinero a sólo 10,11% anual y por el contrario el elevadísimo y desproporcionado costo de tasas de interés en los préstamos otorgados a empresas o cuentacorrientistas a 30% o en tarjetas de crédito a 32,15% lo que se refleja en las descomunales ganancias bancarias trimestrales en un país con 60% de pobreza y peligro de recesión.

Y todo cobijado y amparado por la Superintendencia Bancaria. Y todos juntos, banqueros y funcionarios del Gobierno, a celebrar al Club de Banqueros este festín de utilidades. Y con una gigantesca torta de presupuestos publicitarios de los banqueros privados para la prensa, radio y televisión, con lo cual se convierten los banqueros también en sostén económico de las utilidades de los medios. Una *troika* invencible. El gana gana. Todos reciben, nadie pierde. Sólo pierde el ahorrador, el excluido y el empresario o usuario que obtiene un crédito bancario, o compra una casa y la paga tres veces. Nadie más gana. Y Murcia empezó a recoger a los usuarios inconformes con los Bancos.

Se habla de 4 millones de beneficiados por Murcia.

El macrobanquero dueño del Grupo Aval, Luis Carlos Sarmiento Angulo fue el más afectado al ser crudamente atacado por el propio David Murcia Guzmán con fuertes epítetos descalificadores, impublicables en este libro.

Los Bancos de inmediato informaron a los cuatro vientos que ahora sí plasmarían estrategias de créditos con bajos intereses, periodos de gracia a los antiguos depositantes de DMG para contrarrestar la delicada crisis social presentada en diversas regiones y, en verdad podría pensarse, al parecer para aplacar las críticas recibidas o recaudar el dinero que se había ido de sus arcas hacia DMG.

La Fiscalía, que escasas tres semanas, en boca del Fiscal General había expresado que no había elementos de juicio suficientes para intervenir a DMG, de la noche a la mañana, cambió su posición y encontró en un abrir y cerrar de ojos. Elementos de juicio para detener el terremoto social de apoyo que suscitaba Murcia y se dictaron medidas de detención y se acudió a la Interpol para capturarlo en Panamá.

El Abogado Defensor, que una semana lo defendía a boca llena, renunció. ¿Qué había sucedido para tantos cambios en pocas horas o días?

Que los adoradores de David Murcia Guzmán, crecían como espuma y de seguir unos meses o un año el fenómeno DMG seria irreversible con delicadas consecuencias sociales, políticas, jurídicas y financieras para el país. Y el Presidente Uribe Vélez, se jugó su prestigio y afrontó medidas para intervenir sus empresas.

Murcia era simultáneamente un Villano para las Instituciones o un Héroe para sectores populares. Un jeroglífico complicadísimo de descifrar.

En este libro, en aras de la verdad, y como respeto a los lectores que tienen pleno derecho de conocer las dos caras de la misma moneda, se describen las dos posiciones: Tanto de sus contradictores como de sus adoradores. Sin tomar partido pues mal haríamos dado que aun el ciudadano Murcia no ha sido condenado por los jueces aunque sí por los banqueros, el Gobierno y los medios. Y que el lector juzgue.

Al cierre de este libro, una fuente panameña informó exclusivamente para este libro que Murcia fue capturado en la zona de Campana no por virtud de los cuerpos de inteligencia de la policía de Panamá, sino por la traición de uno de sus mentores más prestantes que había vinculado como «asesor» en los últimos meses, y con quien se comunicaba vía telefónica varias veces al día, y quien sabía, por su cercanía, de los más íntimos movimientos de Murcia Guzmán.

El Judas de siempre.

3
LOS FANS DE MURCIA

Para los "adoradores de Murcia" o sea la llamada "Familia DMG" aseguran que en David Murcia prima la calidad humana y la calidad de velar y cumplirle a los sectores colombianos marginados.

Defienden que DMG sí es un holding empresarial que ha permitido realizar los sueños de millones de Colombianos que no tenían los medios suficientes para lograrlo, fomentando de una manera eficaz las oportunidades laborales y el verdadero crecimiento de la calidad de vida de muchas familias necesitadas.

Varias fuentes consultadas para este libro, entre sus fervientes defensores coinciden en que el Grupo DMG S.A. es una comercializadora de bienes y servicios que se ha posicionado como una de las empresas más representativas en su rubro, gracias a sus estrategias de mercadeo y fidelización de sus consumidores.

Además, en la edición especial de la revista *Dinero* "Las 5 mil empresas", el Grupo DMG S.A. figuró ubicado en el puesto 31 dentro de las empresas más grandes de productos al por mayor.

Se habla que ya hasta 250.000 familias "vivían" de invertir en DMG. El crecimiento de los beneficiados por

Murcia crecía exponencialmente: al cuadrado, al cubo, a la ene potencia. Se habla que entre los primeros beneficiados, y las 250.000 familias lucradas actualmente, se llega a 4 millones de fans. Unos lo gritan a voces, otros se esconden hoy de la Dian o del escarnio social público.

Cuando aparezca la contabilidad completa de Murcia y de quien le depositaba su dinerillo, el murmullo social copará otra semana a los medios en búsqueda de diversión.

Centenares de favorecidos por Murcia que escuchamos en las largas filas del Estadio el Campín de Bogotá, cuando hacían turno para ser incluidos en las listas de la entidad que intervino DMG, manifestaron para este libro que eran miles las familias de colombianos que invirtieron en DMG y vieron cómo se les cumplían plenamente sus sueños, hasta cuando el Gobierno del Presidente Uribe "aupado por sus amigos banqueros" detuvo a su "héroe" Murcia, pues jamás, según ellos, les incumplió en el pago del capital aportado, ni con la rentabilidad generada por las mismas entre 50 y 100%. Y para ello es *"triste es ver como el Gobierno o aquellas entidades que se enriquecen del dinero del pueblo, tratan de manchar el buen nombre de esta empresa..."*.

Además, varios de los inversionistas de DMG aseguran que *"a la fecha no se ha presentado una sola queja y, mucho menos, una denuncia por parte de clientes que se consideren defraudados, engañados o estafados como pretenden hacerlo ver algunos medios inescrupulosos"*.

Personajes famosos invierten en DMG

David Murcia Guzmán quería abarcar cada uno de los estamentos de la sociedad colombiana; así el secreto que todo mundo sabía, pero que nadie se atrevía a revelar sobre los vínculos de DMG con las altas esferas de la política y la justicia colombiana, militares de mayor o menor alto rango, personajes de la farándula nacional, periodistas, deportistas se ha revelado con el transcurso de las investigaciones.

En esta labor de infiltrar las altas esferas, jugó un papel definitivo el socio de Murcia, Daniel Ángel Rueda, hijo del "Cuyabro" Ángel, por ser de Armenia, Quindío y quien es un prestante miembro de la Sociedad colombiana, socio del exclusivo Country Club, y tertulio habitual del excluyente Gun Club.

El binomio Murcia-Ángel sumaba la sagacidad e ingenio del olfato financiero de Murcia con la prestancia social del joven Ángel Rueda en búsqueda de un enriquecimiento rápido. El uno para el otro. Murcia y su arribismo, Angel y su enriquecimiento fácil. El Ángel de Murcia. Un Fernando Botero Zea número dos.

Pero no se puede ocultar que las ansias de poder político del propietario de DMG parecian estar demostrándose en su relación con diferentes autoridades, entre quienes estarían Alcaldes de pequeños municipios para abrir allí sedes de DMG; al parecer, y habría que probarse, entre ellos figuraba el alcalde de Suesca, Jorge Enrique Guáqueta; el alcalde de Santa Marta y un par de Gobernadores costeños. Pero al parecer un escandaloso caso podría llegar a ser, si se termina por demostrarse

judicialmente el del hoy magistrado del Consejo Superior
de la Judicatura Pedro Alonso Sanabria, cuyo nombre salió a la palestra en emisoras de radio y prensa, pues aparece mencionado como uno de los posibles beneficiarios de
los dineros de DMG a quien le habrían sido presuntamente entregados 400 millones de pesos como contribución a
su aspiración a la Gobernación de Boyacá, pero lo anterior no está todavía probado por los jueces.

4
WILLIAM SUÁREZ: EL CUÑADO

Los organizaciones de seguridad del Estado han revelado una extensa grabación en la que afirman que la voz podría ser de David Murcia Guzmán, presidente de DMG, con al parecer su cuñado y socio, William Suárez en la que se habrían dado detalles de cómo sería el mapa político elaborado por David Murcia con el propósito de obtener valiosos contratos estatales.

Además, en la charla que se dice sería la voz de Murcia Guzmán le preguntaría a William Suárez por la suma que le había sido entregada a la campaña de Sanabria. Y la sorpresa de ambos es enorme, pues quien ganó las elecciones fue José Rozo Millán, a pesar de que las encuestas daban como ganador a Sanabria. Millán, saldría bien librado, pues afirma que rechazó el apoyo de DMG.

En uno de los apartes de la conversación, si se comprueba la autenticidad de las voces, se escucha:

David Murcia Guzmán: –¿Usted al fin logró hacer la conexión allá en Boyacá?

William Suárez: –Con Rozo Millán no, porque él no se dejó hablar. Nosotros hablamos con el que estaba punteando, con el conservador, con Sanabria.

David Murcia Guzmán: – "Él no aparece por ningún lado".

A renglón seguido hablan de la forma cómo deben aclararse la situación y tratar de establecer cuántos "puntos" (supuestamente millones de pesos) le aportó DMG a Sanabria.

Aportes a los políticos

La visión de David Murcia G., de tener vínculos con sectores dirigentes del país se evidencia en la misma conversación cuando se refieren a la financiación de la campaña y citaría al parecer a Jorge Enrique Guáqueta, alcalde de Suesca, Cundinamarca, y quien fue inhabilitado por el Tribunal Administrativo de Cundinamarca; pues bien Guáqueta se habría beneficiado al parecer con un aporte por valor de $20'000.000, según lo habría expresado Suárez en el siguiente diálogo, si se comprueba la autenticidad de las voces por las autoridades judiciales:

William Suárez: –Él me dijo toda la campaña la hice con 16 pesos no más, cuando le di los 20 me dijo 'Huy no, cómo así, pues le pareció muy verraco, entonces dijo 'No mire, ustedes tienen todo conmigo, están asegurados conmigo, tienen las puertas abiertas conmigo'".

Además, Pedro Aguirre Racines, Representante a la Cámara por el departamento de Magdalena, también tuvo, al parecer, relaciones con la firma DMG. Aguirre figura en el libro de visitantes del apartamento de la calle 95 con carrera 17, en el norte de Bogotá, donde el miércoles 19 de noviembre fue capturado Daniel Ángel Rueda, productor de televisión y relacionista de las empresas de Murcia, y en donde también se encontraría de visita el gobernador de Magdalena Ómar Diazgranados.

5
ALCALDES, FARÁNDULA Y PERIODISTAS

El 31 de mayo de 2008 Ángel Ibarra, alcalde de Tocaima, Cundinamarca, viajó a Panamá, este hecho pasó inadvertido de no ser por que en la residencia del Ibarra se presentó un escape de agua que amenazaba con inundar el sector, y cuando los funcionarios del acueducto fueron a indagar por el Alcalde se enteraron que el servidor público estaba en Ciudad de Panamá en compañía de su esposa, Nancy Donado, quienes explicaron que estaban de descanso allí.

Pero curiosamente, a pocos días de su regreso, el 4 de junio de 2008, DMG abrió una sucursal en Tocaima y la gerencia de la misma fue ejercida por José Luis Ibarra, sobrino del Alcalde. Simple coincidencia? En esta ciudad se afirma en diversos medios que supuestamente la relación de DMG con el alcalde, ha sido abierta, pues esta empresa financiaba al parecer las fiestas populares de fin de semana en el municipio y era el cliente más importante de doña Nancy Donado, principal distribuidora de cerveza; la fiesta más reciente se organizó en el mes de agosto con motivo de las Festividades de San Jacinto, patrono del municipio.

El viaje del Acalde de Tocaima a Panamá coincidió, al parecer, con una reunión organizada por DMG en ese país, a la cual presumiblemente asistió un selecto grupo de mandatarios locales de varios municipios, a quienes les prodigó las atenciones dignas de un jefe de Estado además de hablarles sobre las enormes ventajas de tener oficinas de DMG en sus ciudades y de la posibilidad de trabajar mancomunadamente con DMG en la organización en proyectos de desarrollo para sus municipios.

Farándula, modelos y actrices

A través del canal Body Channel, filial de DMG, se contrataron diversas actrices y modelos cuyos pagos, de acuerdo con fuente de la Fiscalía General de la Nación, se hicieron con millonarios recursos y en efectivo. Así las cosas, la investigaciones oficiales deberán verificar los pagos en efectivo a las siguientes personas vinculadas supuestamente con el Canal, pero esto deberá antes probarse:

Mónica Fonseca, presentadora del noticiero Cuts.

Norma Nivia, conductora del programa Sexy Music.

Susana Torres, imagen del programa Fashion History.

María Fernanda Yepes, encargada de un programa de deportes extremos.

Viña Machado y **María Luisa Flórez,** imagen del programa *Explorarte* ideado, según se dice, por Jerónimo Uribe Moreno.

Además, se debe verificar si las modelos que han sido mencionadas en los medios de comunicación, Lina Marulanda, la infaltable de siempre Natalia París, Claudia Lozano y el actor Santiago Moure en algún momento tuvieron algún posible contacto con Body Channel.

Para las autoridades era inexplicable que un canal que ni siquiera salía al aire en Colombia tuviera unos flujos de caja en efectivo tan altos, pero después de la captura de Murcia lograron armar una especie de rompecabezas con los nombres de personas cuya figuración pública les permitió a DMG y a sus empresas articular una red de influencias de largo alcance.

Además, la modelo venezolana María Luisa Flórez indicó que no hizo contrato con Body Channel y que sus presentaciones para esa marca fueron manejadas a través de "La Agencia", una agencia promotora de modelos.

Periodistas y DMG

Las relaciones de David Murcia Guzmán con la prensa quedó evidenciada entre otras, cuando el periodista Jorge Lesmes y el humorista Guillermo Díaz Salamanca de la cadena radial RCN (Radio Cadena Nacional) presentaron su renuncia al reconocer haber tenidos convenios o acuerdos con DMG, como el famoso humorista Guillermo Díaz Salamanca quien reconoció su reunión con David Murcia en Panamá.

De otra parte, RCN decidió honorablemente proceder a devolver al agente liquidador estatal de DMG los recursos pagados por DMG a RCN Radio a través de una central publicitaria de prestigio.

"Las órdenes de publicidad que recibimos en RCN, incluidas las emisoras locales de algunas ciudades como Tunja, Sogamoso y Tumaco, ascendieron a la suma exacta de $35.893.572", según un aparte del comunicado por Fernando Molina Soto, presidente de la cadena radial RCN.

Además, el Círculo de Periodistas de Bogotá CPB anunció su voluntad de devolver una suma que oscila alrededor de los 30 millones de pesos recibida de la firma DMG Fashion como pago de la pauta publicitaria en la transmisión de los premios que otorga la asociación de periodistas.

Pero, aunque las directivas del CPB reconocieron dicho recibimiento, la Presidenta del CPB, Maura Achury, declaró "que la junta del gremio había consultado con la Superintendencia Financiera y la Dian sobre los posibles procesos que pudieran existir en contra de la filial, cuya respuesta fue que para la fecha no había ninguna investigación abierta, aunque obviamente tenían muchos rumores". Sorprende que dicho gremio de periodistas acuda a la respuesta que diversos periodistas cuestionan cuando un político pillado en algún trato con un narcotraficante se escuda y se lava las manos evadiéndose con la disculpa que "en ese momento" el señor no estaba siendo juzgado: Acomodando la ética a la platica recibida. La moral elástica. Y el recibimiento por el CPB habría sido aceptado gracias a la participación de una firma de asesoría en la que participaba el humorista Guillermo Díaz Salamanca.

Además, DMG Fashion obtuvo dos premios en Miami en el primer semestre de 2008, por lo cual el propio Presidente de Colombia, Álvaro Uribe Vélez, extendió a esta firma una carta de felicitación y presentada por Noticias Uno en la sección Top Secret. Al parecer el propio Presidente fue mal asesorado y firmó sin conocimiento de quien era el personaje a quien felicitaba. Cartas estándar que se firman por simple cortesía, pero quien las recibe les da un uso e interpretación diferente.

Otros personajes con DMG

Los lazos del emporio creado por David Murcia Guzmán se extienden a otros personajes de la vida pública de Colombia, haciendo un paralelo entre los afamados escándalos como la Parapolítica, la Farcpolítica, la Narcopolítica, la Yidispolitica y ahora la DMGpolítica.

Algunos servidores o ex servidores públicos que estarían vinculados a raíz de las pruebas presentadas por la Fiscalía General de la Nación de Colombia, a las actividades ilícitas de DMG, serían presuntamente, entre otros:

- Senador Samuel Arrieta, Congresista por el Partido Convergencia Ciudadana. Presuntamente se habría reunido con directivos de DMG.

- Luis Guillermo Giraldo, ex embajador y ex secretario del Partido de la U. Admite que acepto los servicios gratuitos de la transportadora de valores Transval, del Grupo DMG, para guardar en una de sus bodegas los folios con las firmas reeleccionistas del Presidente Álvaro Uribe, y su posterior traslado en camiones blindados de Transval hasta la Registraduría Nacional del Estado Civil.

- Ómar Díazgranados, Gobernador del Magdalena, con el aval del Partido de la U. Estaba en el mismo apartamento donde estaban los socios de Murcia al momento de ser capturados.

- César Mauricio Velásquez, Secretario de Prensa de la Presidencia de la República de Colombia reconoció que se reunió con Murcia, para conocer una propuesta de transmitir programas institucionales en el canal Body Channel.

- Jorge Armando Otálora, nada menos que todo un Ex Vice Fiscal General de la Nación, al parecer con alguna cercanía con el socio de Murcia, Daniel Ángel, hoy detenido.

- General (r) Miguel Maza Márquez, ex director del DAS a nivel nacional. Él mismo acepta que asesoró a Provitec, la empresa de seguridad del Grupo DMG..

- Y aunque no se reunió con David Murcía Guzmán, Bernardo Moreno Villegas, ex precandidato a la Gobernación del Quindío por el Partido Liberal Colombiano, Secretario General de la Presidencia de la República de Colombia, y familiar de Daniel Ángel Rueda, aseguró que le venía insistiendo a su primo Ángel Rueda desde diciembre de 2007, que los negocios en los que estaba no eran adecuados, que se retirara y dejara esas amistades; sin embargo, siendo servidor público no habría denunciado el hecho, ni habría alertado al Presidente Uribe, a pesar de su fácil acceso a él, como Secretario de la Presidencia de Colombia.

QUINTA PARTE

CLAVES DEL
FUNCIONAMIENTO DE DMG

1
¿Es DMG una pirámide?

Así, la empresa DMG se convirtió en un holding que diseñó un sofisticado sistema de captación de recursos del público, mediante la utilización de estrategias: entregas de tarjetas prepagos, puntos redimibles en productos y remunerar –a cambio de contratos de publicitar a terceros y traer clientes a DMG– a los clientes con altos réditos, o intereses disfrazados de réditos. A juicio de cada quien...

En el sistema de DMG, los depositantes eran "clientes" y recibían "honorarios" o "contraprestaciones" a cambio de la publicidad que le hicieran a la marca y de las nuevas personas que llevaran a "la familia".

El sistema era flexible y atractivo, y los rendimientos dependían de qué buscaba o a qué se comprometía el cliente. Cada uno de ellos recibía tarjetas electrónicas que le permitía comprar los productos o servicios ofrecidos por la firma. Si no usaban la tarjeta, les devolvían el dinero con beneficios. Si llevaban nuevos compradores, también los premiaban.

Esa sería, a criterio de los adoradores de Murcia, la gran diferencia con las pirámides, donde la remuneración es solo en dinero. A diferencia de las pirámides, que quebraron, en DMG no había cesado un solo pago a ningún "cliente" hasta cuando fue intervenida por el Gobierno colombiano.

DMG operaba en cómodas oficinas y centros comerciales de muchas ciudades y pueblos de Colombia, se presentaba como una comercializadora que tenía inversiones en cultivos, un canal de televisión cerrada y otras empresas. Lo anterior permitió que DMG generara una cadena de negocios que en última instancia dependía de las captaciones de dinero del público.

Aunque los clientes eran de casi todas las condiciones sociales, primaban las personas pobres y de clase media que buscaban mejorar sus condiciones de vida en poco tiempo. Y aunque se ha criticado el afán por el dinero fácil, el principal atractivo de DMG no eran solo los rendimientos prometidos por las pirámides, sino también los bienes y servicios que les entregaba a los depositantes.

Hasta aquí, las opiniones y argumentos defensivos de los beneficiados de Murcia.

¿Será verdad tanta belleza? ¿O Murcia le "revolvía" a sus electrodomésticos y productos, inversiones de la economía subterránea?

En un país, donde negocios abiertamente infiltrados por la economía subterránea, el dólar barato del contrabando o de otros mas sucios, como no es difícil presumir en algunos negociantes de los llamados Sanandresitos, Providencias, San Victorinos, préstamos a 10% diario en los "Corabastos" y todos ellos han sido al parecer cohonestados por la autoridades y por millones de usuarios (quien, y me incluyo, no ha comprado "barato" en un Sanandresito), y así "legalizados" en las grandes ciudades colombianas, Murcia se movía e invertía "legalmente" en estas economías subterráneas al amparo de la legislación colombiana y simplemente husmeadas por la Dian que las permite si le exhiben de cuando en cuando en algún operativo tranquilizador de opinión pública "facturas" que pagan IVA y Retención en la Fuente.

A continuación se presenta la explicación oficial del negocio, dada en rueda de prensa a mediados del mes de noviembre de 2008 en Bogotá.

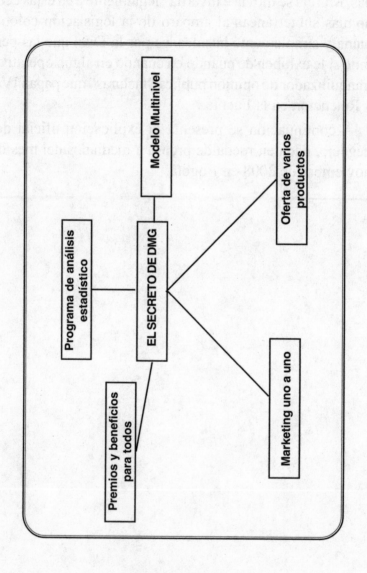

Panorama de Ubaté, Cundinamarca, población en donde nació David Murcia Guzmán, y a la que volvió convertido en un magnate.

Aspecto de una concentración, previa a una marcha en apoyo de David Murcia Guzmán.

Instantes de la llegada a la Fiscalía en Bogotá del detenido David Murcia Guzmán, extraditado desde Panamá.

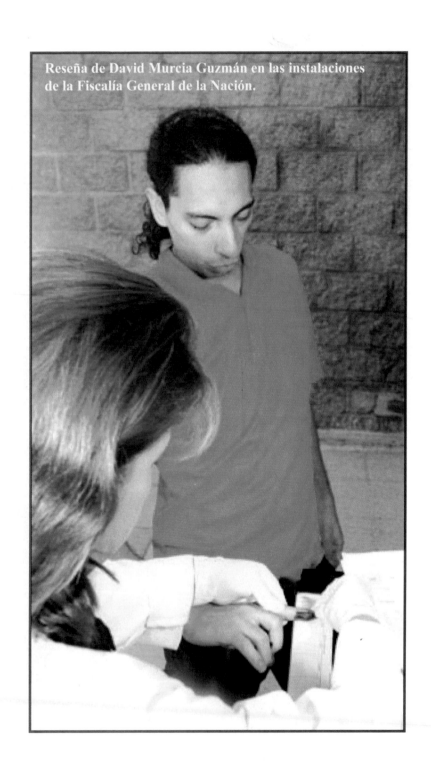
Reseña de David Murcia Guzmán en las instalaciones de la Fiscalía General de la Nación.

David Murcia Guzmán en la inauguración de una de sus empresas. A su lado aparece Joanne León, su esposa.

La ex reina mundial Alicia Machado asistió a la inauguración del Body Channel, la empresa de David Murcia Guzmán y Daniel Ángel Rueda.

Aspecto externo del Megaoutlet de DMG donde se comercializaban todo tipo de bienes y servicios.

Sede de la Comercializadora Virtual, filial de DMG en Ciudad de Panamá.

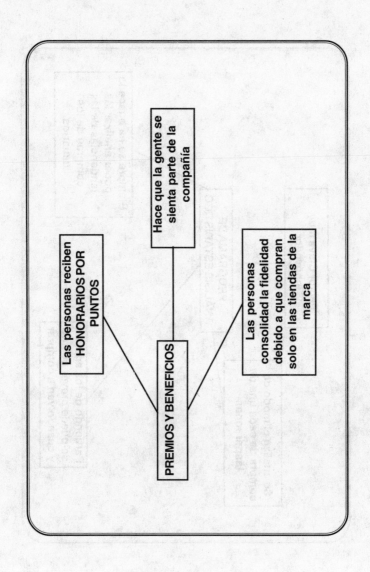

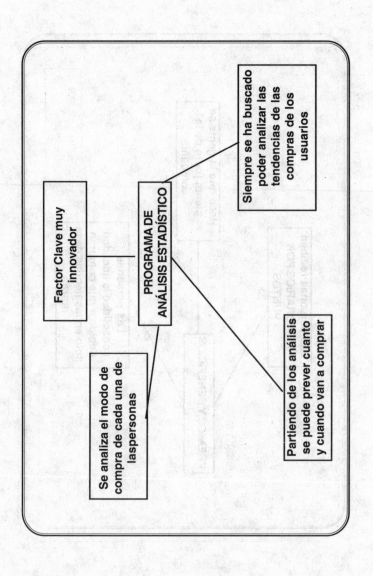

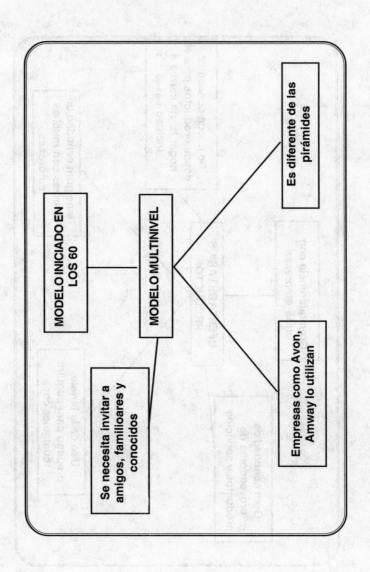

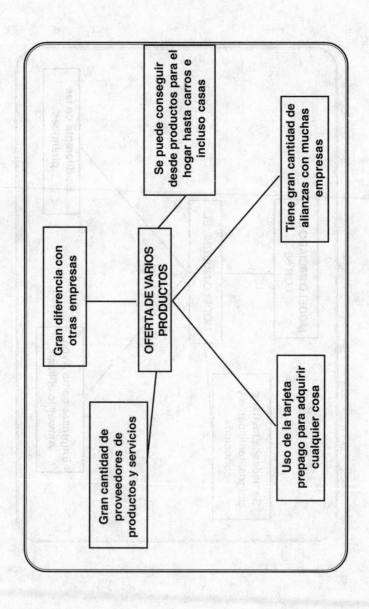

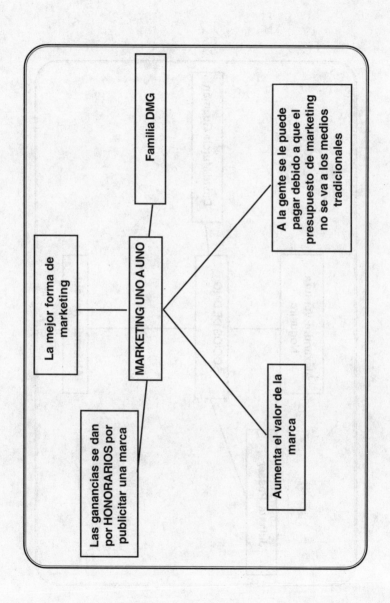

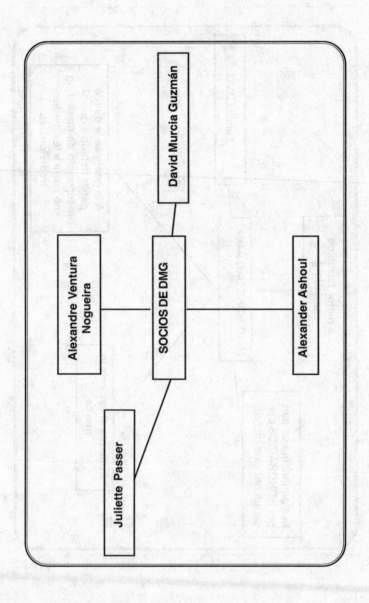

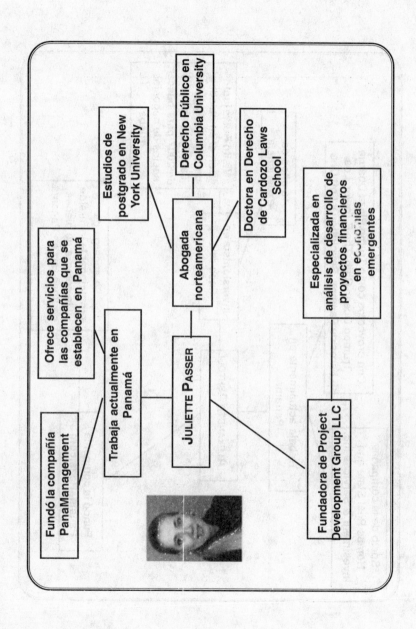

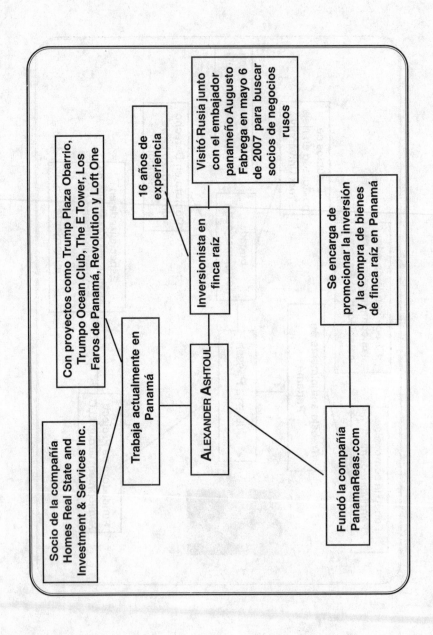

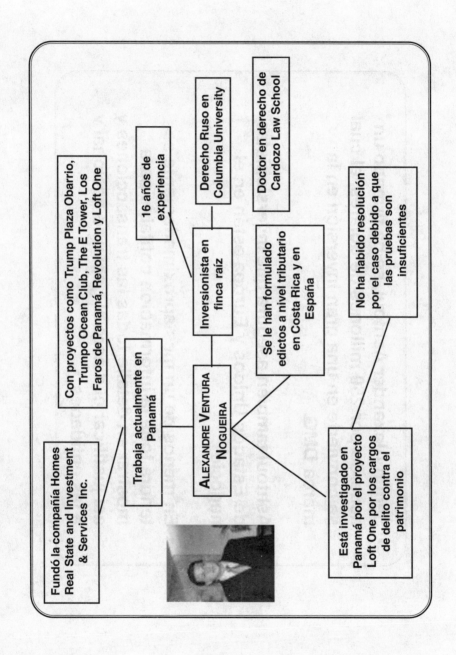

Fundó la compañía Homes Real State and Investment & Services Inc.

Con proyectos como Trump Plaza Obarrio, Trumpo Ocean Club, The E Tower, Los Faros de Panamá, Revolution y Loft One

Trabaja actualmente en Panamá

16 años de experiencia

Derecho Ruso en Columbia University

Doctor en derecho de Cardozo Law School

Inversionista en finca raíz

ALEXANDRE VENTURA NOGUEIRA

Se le han formulado edictos a nivel tributario en Costa Rica y en España

No ha habido resolución por el caso debido a que las pruebas son insuficientes

Está investigado en Panamá por el proyecto Loft One por los cargos de delito contra el patrimonio

- Según Alexander Ashtoul, se ha firmado un acuerdo por 250 millones de dólares, el cual se convierte en una gran inversión en la marca DMG.

- Ashtoul también asegura que inversionistas de Estados Unidos y Europa están en el negocio

- En menos de un mes aproximadamente se tendrá toda la información contable para mostrar en detalle todas las transacciones y así justificar el dinero al gobierno nacional v a las entidades

- Los inversionistas trabajan en la industria manufacturera, son Importadores y Exportadores

- En vez de gastar el 95% del presupuesto en Marketing convencional se ha enfocado al sistema creado por DMG

- Cuando se vaya a expandir a otro país y ciudad, el socio local tendrá una inversión inicial de 3 millones de dólares.

- La Firma DMG ya tiene sedes en Ecuador, Venezuela y Panamá

- La firma realizara una fuerte expansión en Brasil y en Panamá

- Se tiene un cálculo a 10 años de las ganancias que se obtendrán debido al sistema de Análisis estadístico que ha desarrollado DMG

- Se espera que en 6 a 8 meses la compañía se convierta en PUBLICA es decir que salga a cotizar en bolsa

- La visión de David Murcia Guzmán es tener la marca mas valiosa del mundo

- Se piensa finalizar un complejo hotelero con la marca DMG en Panamá en los próximos meses La idea es llegar a toda América Latina en 10 años

2

EL NEGOCIO DMG: TARJETAS-PUNTOS

El negocio que se "ingenió" David Murcia Guzmán para salir de la pobreza en la que nació y con el cual esperaba que también centenares de miles de familias colombianas de escasísimos recursos como él, en su paupérrima infancia, salieran de la pobreza se basaba en un sistema articulado de emitir dos tarjetas prepagadas combinadas que le entregaba a cada cliente que se afiliaba a la Familia DMG y le depositara sus ahorros, en lugar de hacerlo en una Entidad Bancaria.

En los anales del comercio de tarjetas prepago, nunca antes alguien había concebido una red de compra-venta-rendimiento tan compleja y tan exitosa.

El inversionista que se afiliaba a DMG y "adquiría" estas tarjetas prepago entregando su dinero a David Murcia Guzmán, quien recibía las dos tarjetas que sumadas representaban un beneficio que nadie antes habría ofrecido. Parecería que las dos tarjetas se retroalimentaran entre si, doblando el capital invertido.

Veamos el sistema:

- La primera, la tarjeta prepago, que corresponde al capital depositado o inversión del nuevo afiliado, permitía la opción de ser utilizada para compras hasta por el mismo valor depositado. Bajo esta visión, DMG dejaba de ser una vulgar Pirámide Financiera, pues el afiliado, como en ninguna Pirámide, podía el mismo día que depositaba sus ahorros, retirar en productos el mismo valor entregado.

De esta forma, ningún hijo de vecino podría decir que con Murcia perdió su dinero, pues al recibir una tarjeta prepago a cambio de su dinero, se le permitía pasar a la sala de ventas y adquirir un mercado o un vehículo por el mismo valor depositado. Hasta aquí el negocio contaba con una trasparencia total.

Tal como un usuario de Comcel o Movistar, que prepaga una tarjeta y esto le da derecho a utilizar minutos para hacer llamadas telefónicas hasta cubrir el valor prepagado. Y así como Comcel no puede ser catalogada como captadora de dinero por vender estas tarjetas prepago, de idéntica forma, DMG nunca podría ser acusada de ser una captadora de dinero por vender tarjetas de mercado, redimibles un ciento por ciento en múltiples establecimientos de comercio situados en la propia sede de DMG o en el Supermercado El Trigal. Estas compras se podían efectuar en cualquier momento o redimirse por dinero en un plazo acordado en el momento de hacer la operación.

- La segunda tarjeta, era para el pago en dinero de beneficios adicionales que sólo se podían cobrar en el plazo acordado entre el depositante y DMG. Sin embargo, DMG no considera que esta última tarjeta constituya pago de intereses, sino que manifiesta que se trata de un pago por un Contrato de Publicidad Personalizada dado que el depositante adquiría el compromiso de difundir la Marca y la operación DMG a terceros y vincularlos a la empresa.

3
EL CONTRATO
DE PUBLICIDAD PERSONALIZADA

En la medida que David Murcia iba dando la vuelta a la pagina antigua, cuando inició sus primeros experimentos financieros hacia una década en Putumayo y recibía anticipos de dinero para traer electrodomésticos de los Sanandresitos de Bogotá, dado que a esa regiones alejadas no llegaban y en otros casos cuando pedía préstamos en Putumayo para comprar electrodomésticos en Bogotá y trasportarlos y comercializarlos de casa en casa en Putumayo, el diferencial entre el precio de compra en Sanandresito y el precio elevado al cual vendía en pueblos de Putumayo, le permitía pagar 10% mensual de intereses y así fue acumulando dinero, buen nombre y fama hasta alcanzar sus primeros 100 millones.

Años después, ya experto en este rentabilísimo negocio de compra-venta consideró organizar, dimensionar su empresa y dar el paso hacia la legalización de sus actividades, y es cuando se asesora de famosos y costosos abogados quienes le diseñan una alambricada y sofisticadísima estructura comercial-financiera-publicitaria prácticamente blindada ante las leyes existentes.

Perfeccionan sus Asesores un Contrato de Publicidad Personalizada. En sus balances el pago de beneficios a terceros por haberle depositado dinero se contabiliza como dinero pagado no como intereses sino pagado a cambio de un Contrato de Publicidad para Posicionar a la firma de David Murcia.

Dichos pagos, a quien le deposita dinero, no lo contabilizan como un gasto (pago de intereses), sino una inversión para posicionamiento de la marca DMG. Poco importa si estos clientes realmente laboraran como promotores de la marca o si la promoción daba resultados (aunque algunos de los usuarios reconocieron para este libro que realmente existía un sistema de premios para quien enganchase nueva clientela).

El plazo y las "rentabilidades" a favor de quien compra las tarjetas se establecen el día del depósito de dinero. Cada día las condiciones cambian. A veces es a tres meses con un pago por el Contrato de Publicidad Personalizada de hasta 50% del dinero depositado para compras con la Tarjeta Prepago, numero uno. Otras veces es a un mes y un pago del 100%. Es de suponer que estas condiciones varían según sea la situación de liquidez de DMG. Así, cuando DMG tiene poca caja o prevé dificultades, tendía a ofrecer menores plazos y más beneficios y así atraer más clientes y aumentar su liquidez.

En caso de pánico, DMG no se enfrentaría a la necesidad de devolver efectivo como en el caso de las pirámides simples, las cuales sucumben rápidamente si no captan más dinero, pues no tendrían el efectivo para responderle con altos intereses a su clientela que les deposito con anterioridad. Y explotan las Pirámides.

En el caso de DMG, lo único que puede hacer quien tiene miedo de perder su dinero, es utilizar una de las tarjetas, la prepago número uno, y rescatar con compras el capital principal de su "inversión". DMG tenía contratos con varias empresas comerciales para responder por la utilización de estas tarjetas prepago. Pero David Murcia nunca registró en sus balances las "provisiones" o capital de reserva para una emergencia y ahora las Entidades de control andan rastreando las presuntas sumas de dinero guardadas por Murcia en el exterior.

En caso de un pánico, si las reservas no son las suficientes, podría presentarse la eventualidad de que DMG no alcance a responderle a su clientela, a través de los puntos comerciales, y no cubrir los compromisos adquiridos con las tarjetas prepago.

4
DICCIONARIO DEL NEGOCIO DMG

1 - Estructura oficial de las tarjetas prepago DMG

DMG comercializa productos, bienes y servicios mediante el novedoso sistema de tarjetas prepago DMG garantizando la mejor calidad a través de todas las empresas y unidades de negocio que lo conforman.

2- ¿Cómo funcionan las tarjetas prepago DMG?

En DMG se cargan tarjetas prepago desde 100.000 pesos hasta 50 millones de pesos, después de tener la tarjetas se pueden utilizar inmediatamente comprando cualquier producto bien o servicio que comercialice la empresa.

3- Publicidad

El sistema de publicidad para dar a conocer la empresa se hace mediante publicidad voz a voz.

4- ¿En qué consiste la publicidad voz a voz?

La publicidad voz a voz consiste que cada uno de los miembros de la empresa que ha obtenido beneficios cuenta sus experiencias con la empresa a otras personas, las cuales irán haciendo lo mismo Este sistema es muy efectivo en empresas como Omnilife y sin pago de publicidad a los medios de comunicación.

5- Beneficios

DMG paga beneficios representados en puntos por publicidad a cada uno de los miembros por el uso de sus tarjetas prepago. Los puntos se pagan según el plan elegido en el momento de cargar la tarjeta prepago (En DMG los puntos que se pagan por publicidad pueden variar diariamente) y se pueden redimir en efectivo o en nuevas tarjetas prepago.

6-¿Cuántos puntos por publicidad se obtienen?

DMG paga puntos por publicidad en dos planes:

1. Plan a seis (6) meses: Al cargar la tarjeta prepago se reciben beneficios al final del plan.

2. Plan a cinco (5) meses: Al cargar la tarjeta prepago se reciben beneficios mes a mes durante los siguientes cinco meses.

7- Pagos por publicidad a (6) seis meses.

En DMG los puntos que se pagan por publicidad pueden variar diariamente (Políticas de la empresa) por este motivo hay tres ejemplos distintos.

- Por cargar una tarjeta prepago de $1.000.000 (un millón de pesos) para adquirir bienes y servicios se suscribe un Contrato de Publicidad Personalizada a 6 meses con una remuneración de 500.000 Puntos cargados en otra tarjeta de puntos por publicidad, que se paga toda al finalizar el contrato.

- Por cargar una tarjeta prepago de $1.000.000 (un millón de pesos) para adquirir bienes y servicios se suscribe un Contrato de Publicidad Personalizada a 6 meses con una remuneración de 700.000 Puntoscargados en otra tarjeta de puntos por publicidad, que se paga únicamente al finalizar el contrato.

- Por cargar una tarjeta prepago de $1.000.000 (un millón de pesos) para adquirir bienes y servicios se suscribe un Contrato de Publicidad Personalizada a 6 meses con una remuneración de 1.000.000 Puntoscargados en otra tarjeta de puntos por publicidad, que se paga al finalizar el contrato.

8 - Publicidad pagada mes a mes:

En DMG los puntos que se pagan por publicidad pueden variar diariamente (Políticas de la empresa) por este motivo hay 3 ejemplos distintos.

- Por cargar una tarjeta prepago de $1.000.000 (un millón de pesos) para adquirir bienes y servicios se suscribe un Contrato de Publicidad Personalizada a 5 meses, con una remuneración de 50.000 Puntos, que se pagan mes a mes, cargados en otra tarjeta de publicidad.

- Por cargar una tarjeta prepago de $1.000.000 (un millón de pesos) para adquirir bienes y servicios se suscribe un Contrato de Publicidad Personalizada a 5 meses, con una remuneración de 70.000 Puntos, que se pagan mes a mes, cargados en otra tarjeta de publicidad.

- Por cargar una tarjeta prepago de $1.000.000 (un millón de pesos) para adquirir bienes y servicios se suscribe un Contrato de Publicidad Personalizada a 5 meses, con una remuneración de 100.000 Puntos, que se pagan mes a mes, cargados en otra tarjeta de publicidad.

5
EL CENTRO COMERCIAL DMG POR DENTRO

En la entrada, como en cualquier otro centro comercial, hay algunos guardias armados. "Una requisita", invita uno de los empleados de chompa negra de *123 Logística*. Todos los visitantes deben abrir sus maletas y someterse a una inspección que confirme que no portan armas. Una mujer mayor marca una X en su planilla cada vez que alguien entra, *"los fines de semana pueden venir hasta cinco mil personas al día",* dice.

A continuación, esbeltas y bellas jóvenes de *jeans* ceñidos y zapatos plateados de tacón puntilla reciben a los clientes con una hipnotizante sonrisa y los invitan a seguirlas hasta una fila interminable que acaba en la entrada de un auditorio. "Ese es posiblemente el mayor defecto del sistema. A veces las colas son muy largas y se puede uno demorar hasta cinco horas para oír la charla explicativa. No importa que uno sea cliente viejo, siempre hay que oír la charla", dice una persona que lleva tres años comprando con DMG.

Al interior del auditorio, sobre un carrasposo tapete azul oscuro, hay 200 sillas Rimax en las que cada 25 minutos se sientan nuevos grupos de personas a escuchar *exactamente* cómo funciona el sistema de tarjetas prepago de DMG. Entre ellas hay taxistas, militares, amas de casa, estudiantes, y en general, personas que disponen de un capital para gastar.

La conferencia la dicta, micrófono en mano, Jefferson Alfonso, un joven administrador de empresas de 22 años, vestido con saco anaranjado, camisa blanca y estricto pantalón negro. Cada vez que habla a un nuevo grupo, inicia ofreciendo el servicio gratuito de guardería y recreación de DMG: *"Los menores aquí se aburren porque no entienden, así que mejor pueden salir a divertirse y cederle su puesto a alguno de los adultos que están esperando entrar"*.

Continúa con claridad: *"DMG NO es una pirámide, ni un multinivel, ni una empresa de inversiones. Es una entidad comercial que vende productos, bienes y servicios para suplir todas las necesidades de la familia colombiana. Nos parecemos al Éxito, por ejemplo, porque somos una empresa comercializadora, pero no nos parecemos, porque nuestro portafolio es mucho más amplio"*.

Hacia las 12 del día, la fila de gente que espera entrar al improvisado auditorio supera las 300 personas y crece como arroz.

Para comprar a través de DMG, cada cliente debe comprar dos tarjetas prepago como las que usan TransMilenio y la telefonía móvil. La diferencia está en que al comprar y cargar las tarjetas de DMG, el comprador se vuelve contratista por seis meses, es decir, firma un contrato a término definido con Global Marketing Colombia S. A., en el que se compromete a prestar "servicios como activador de marcas y promotor de publicidad personalizada para activación de diferentes marcas que maneje o manejare el contratante".

El negocio, aunque inusual, es explicado por Jefferson de la siguiente forma: *"No queremos pagarle grandes sumas a tres medios, o a tres familias que ya lo tienen todo, sino pagarle al colombiano común que trabaja duro para que hable bien de nuestra empresa. A ver, ¿cuántas personas llegaron hoy aquí porque alguien les habló bien de nosotros?"* –pregunta ahora con una sonrisa inocultable–. Todo el auditorio levanta la mano. *"¡Esa es la prueba, nosotros tenemos fe en que nuestros clientes están felices de hacer su trabajo y de pertenecer a la gran familia DMG!"*.

A pesar de la aparente **legalidad del contrato, DMG no entrega una copia a los nuevos miles de contratistas**, ni estos se lo exigen. Para rematar, nadie verifica que los contratistas hagan su trabajo. A DMG llega tanta gente, que la eficacia de la publicidad personalizada, o "voz a voz", resulta elocuente. Hacia las cuatro de la tarde al Megaoulet no le cabe ni un alfiler más.

¿Cómo paga DMG a los contratistas?

DMG paga con puntos que pueden ser redimidos por dinero en efectivo, productos o servicios. Según Jefferson, DMG tiene siempre en cuenta la carga inicial de cada tarjeta para efectuar sus pagos. Un peso equivale a un punto, alguien que carga 100.000 pesos, obtiene también 100.000 puntos. Lo que varía –casi a diario y bajo una lógica que nadie en la compañía revela– es la cantidad de puntos que la empresa paga por publicidad.

"No hay pierde –afirma Genaro Bastidas, un cajero de un banco que ha firmado ya dos contratos en un año–, si esta gente se volara, que no creo, la gente perdería un sueño y no su dinero; aquí uno gasta y luego gana por hablar bien del lugar en el que compró... en cambio si usted mete 100.000 pesos en una cuenta de ahorros de un banco, al final del año no sólo no ha ganado, sino que ha perdido lo que le descuentan el manejo de la tarjeta y otras cuantas artimañas más".

A continuación, más de la mitad de la sala se dirige, turno en mano, a dos oficinas contiguas (sede Colombia y sede Panamá) en donde compran y cargan sus tarjetas con dinero. Se calcula que 3 de cada 5 personas que asisten a la charla de Jefferson adquieren sus tarjetas y firman el contrato.

Si bien los empleados de DMG no revelan ninguna cifra sobre los ingresos diarios en efectivo de la empresa, Federico Contreras, un estudiante universitario de 26 años de edad recién independizado de sus padres, dice que la señorita con la que firmó su contrato en la Sede Colombia tenía apuntado en una planilla, entre otros datos, la cantidad de dinero que la gente estaba cargando en sus tarjetas. *"Yo era el que menos había metido. En la hoja que vi, había más de 120 millones de pesos cargados por menos de 15 personas".* La Sede Colombia dispone los fines de semana, entre las nueve de la mañana y las siete de la noche, a más de 25 personas para que atiendan a un cliente cada 17 minutos aproximadamente.

¿Qué se puede comprar en el Megaoulet de DMG?

Los productos que se venden allí son los mismos que pueden encontrarse en Unicentro, con la diferencia de que en el Megaoulet pueden llegar a costar hasta 30% más. El abanico de ofertas de los cientos de pequeños locales que comparten los 16 mil metros del enorme centro comercial, es bastante extenso.

Los visitantes pueden gastar su dinero en bicicletas BMX o Specialized, en lavadoras Whirpool de última generación, en televisores de plasma Panasonic, en neveras Icasa, en computadores Hewlett Packard, en perfumes Lacoste, y en joyas, relojes, ropa o licor de distintas marcas ampliamente reconocidas. Las mujeres pueden hacerse desde una permanente, hasta sacar una cita para «embellecerse» con una cirugía estética.

Al ritmo de la música de Juanes que se ve en un concierto en vivo proyectado sobre una enorme pantalla en el centro del establecimiento, muchas familias averiguan entusiasmadas por las vacaciones todo incluido que vende la agencia de viajes de DMG para viajar a Tolú, Santa Marta, los Llano y Capurganá.

En el sótano, entre carros de marcas chinas, ostentosas camionetas Ford, motos y *scooters*, un Mickey Mouse medio tuerto y en vivo un Bob Esponja trajinado, reparten a las familias invitaciones para que los niños participen en la actividad de piratas de las 3 de la tarde que se realizará en la zona verde junto al parqueadero. Los asociados que venden sus productos o servicios en el Megaoulet, le pagan al Grupo DMG una comisión sobre el total de sus ventas.

6
HABLA EL DIRECTOR DEL HOLDING DMG

En una entrevista el director de DMG Holding, Martín Márquez (en agosto de 2008), explicó que el Grupo DMG está conformado por 28 empresas distintas.

¿Cuánto invierte DMG por concepto de publicidad personalizada con respecto a las empresas del mismo tamaño que invierten en publicidad tradicional?

Martín Márquez: Desde el punto de vista de publicidad, nosotros gastamos más pero fidelizamos al cliente. Un comercial de televisión es menos efectivo. Nos gastamos más, pero la persona habla bien de la empresa, y al hablar bien, atrae más gente. Un comercial muestra un producto pero no lo respalda.

¿Cómo hace DMG para pagar cifras tan altas a cada nuevo contratista?

M.M.: Hay que dividirlo por seis meses. Pagar el 100% equivale a pagar el 16% mensual. Con la rotación tan alta que tenemos de productos, nos podemos ganar el doble, o incluso el triple de ese 16%. El producto llega y se va rápido, además generamos consumo. El cliente carga su tarjeta y obtiene un beneficio. A una persona con tarjeta débito o crédito, le descuentan el cuatro por mil, además de la cuota de manejo. Nosotros, en lugar de ocasionarles gastos a nuestros clientes, les damos beneficios. Los Sarmiento, a final de cada año, se han ganado miles de millones de pesos. Nosotros no nos ganamos esas cantidades, pero estamos fidelizando a nuestros clientes.

¿Qué porcentaje sobre las ventas pagan a DMG las empresas que trabajan con ustedes?

M.M.: Todas las empresas, incluso las que son de DMG, pagan. El porcentaje depende de un estudio de rentabilidad que realizamos. Hay empresas que ganan mucho y están dejándonos el 50%, hay otras que ganan menos y entonces les pedimos menos. Las que más dan son nuestros productos naturales que tienen un mayor margen de utilidad, teniendo en cuenta que nosotros mismos los producimos, los distribuimos y los comercializamos.

¿Cuántas tarjetas venden mensualmente?

M.M.: Es variable y confidencial. No puedo dar números porque asustaría a los bancos. Tenemos un número muy amplio pero no es constante. Cuando sale una noticia buena o mala en el periódico se aumentan las ventas de tarjetas. Por fortuna, nuestros clientes saben que esas noticias no tienen fundamento.

De la gente que redime sus puntos por dinero, ¿cuánta reinvierte nuevamente en DMG?

M.M.: 80% de las personas que redimen sus puntos por dinero lo reinvierten en DMG.

¿Le pagan a la gente que redime sus puntos por dinero con la misma plata con la que gente carga sus tarjetas?

M.M.: Sí, es una operación comercial. Igual nosotros quedamos con un fondeo que se inyecta en nuestras empresas. Ese sistema es el que nos genera altas utilidades. Cada empresa debe pagar un rubro por pago de publicidad.

7
TESTIMONIOS DE LOS SEGUIDORES DE DMG

"Las Tarjetas Prepago son como aquellas que utilizamos para cargar minutos en Movistar, Comcel o Tigo, su monto de compra en DMG va desde $50.000 hasta $50.000.000 y, dependiendo del día en que la compres, también podrás tener acceso a otro tipo de beneficios como son los puntos por publicidad.

El beneficio más conocido actualmente es el millón de puntos por cada millón de pesos, ¿qué quiere decir?, que por cada millón de pesos con que hayas comprado tu Prodigy Card te darán otro millón de pesos redimible en bienes o servicios o, después de seis meses (si no has hecho compras) en dinero. Para DMG es claro que si recibes un beneficio como este, traerás referidos que también quieran comprar la tarjeta.

¿Qué es lo que ha generado tanto controversia del Grupo DMG?, que la gente prefiere comprar una Prodigy a dejar su dinero en el banco, ya que en el momento de retirar el dinero por ejemplo, no le entregan su millón de pesos completo sino mucho menos, en cambio con DMG, no sólo tienes tu millón de pesos sino que te dan un cupo adicional para comprar otro producto, si antes comprabas con el millón de pesos una lavadora, si compras la Prodigy

en la promoción del millón de puntos por millón de pesos, también puedes comprar en DMG una nevera.

Dado lo anterior, todos los clientes de DMG hemos podido dotar nuestra casa y tener acceso a muchos beneficios que con una entidad bancaria jamás hubiéramos podido".

Pedro Juan Arevalo, contratista independiente, llegó a DMG después de que muchos de sus amigos le contaron de su rentable experiencia personal. Dice que él era un escéptico y que aunque oyó del sistema por primera vez hace cuatro años, solo entró hace dos. Cuando le contaron del negocio le sonó a pirámide y a estafa. *"Yo era de los que le decía a mis amigos que se acordarían de mi cuando perdieran toda su platica y se quedaran con los crespos hechos. En este país uno no cree que nadie ayude así no mas, sin que haya gato encerrado"*.

Un buen día la persona que le había hablado a David sobre DMG llegó a su casa estrenando un Volkswagen Jetta. Seis meses después le entregaron la misma cantidad de puntos que había gastado en dinero (50 millones), y los redimió por más dinero, de manera que el carro le salió gratis.

La primera vez que la señora Beatriz Palacios, empleada doméstica, se vinculó al sistema, llevó 180.000 pesos que había ahorrado en monedas y compró su tarjeta prepago un día en el que estaban pagando el 100%. Luego se fue de compras al hipermercado El Gran Trigal y a los seis meses recibió 180.000 puntos que redimió por dinero y nuevamente hizo mercado. *"Es increíble he hecho dos mercados con la misma plata... ¡así sí se puede!"*

DMG - ¿Héroe o Villano?

El hijo de la señora Magda Giraldo, un joven economista que se encontraba en serios aprietos económicos, se fue para un banco y pidió diez millones de pesos prestados al 30% de interés anual. Fue a DMG durante quince días seguidos hasta que por fin le ofrecieron el mismo número de puntos por pago de publicidad, respecto a la cantidad de dinero con que cargara su tarjeta. Hoy le faltan solo dos meses para que le paguen sus diez millones de puntos, y aunque está muerto del susto de que algo falle, dice que cree ciegamente en DMG. *"¿Por qué habrían de robarme a mi si le han pagado a todo el mundo? Esta gente es súper cumplida, apenas me paguen voy y saldo mi deuda con el banco, compro otra tarjeta con la plata que me voy a ganar y listo, soluciono mis agujeros financieros".*

Tomás Enrique Riaño, estudiante de sistemas, se compró un computador un día en el que DMG estaba ofreciendo 50% en puntos respecto a la carga en dinero de cada tarjeta. *"Como a mi el computador me salió por la mitad, convencí a mi papá de que remodelara la cocina de la casa con DMG. A él no le sonaba pero al oír la conferencia explicativa, entendió que no le podían robar nada porque lo que estaba haciendo era prepagar por un servicio."*

En uno de los apartados de un modelo de acción de tutela que interponen los inversionistas y empleados de DMG ante un Juez de la República se lee, para la investigación de este libro y a manera de testimonio, recogemos:

- *DMG es una empresa legalmente creada y realiza actividades de comercialización de bienes y servicios, a través de la venta de tarjetas prepago como lo hacen Comcel, Movistar, Tigo, SodexhoPas y otras entidades.*

- *La venta de tarjetas prepago, para la venta de bienes y servicios, es una actividad lícita en Colombia, y muchas empresas la realizan, para diferentes operaciones como venta de minutos de celular, o para compra de bienes y servicios, y en muchos casos se entregan premios en muchos eventos a través de estas tarjetas prepago, ya que la persona paga por adelantado su consumo.*

- *Por otro lado, nuestra entidad reconoce a sus clientes unos puntos, por la publicidad que hacen de nuestra entidad y nuestros servicios, como lo hacen otras empresas a compañías de televisión, radio y otros medios masivos de comunicación, con la única diferencia que los gastos que ocasionan terminan en nuestros usuarios y no en los medios de comunicación masiva. Además AV VILLAS del grupo AVAL, tiene un sistema similar de puntos implementado posterior al nuestro al tiempo de ofrecer servicios igualmente y no ha sido considerado esto irregular.*

- *El sistema financiero colombiano, se ha negado a prestarnos sus servicios de banca a pesar de lo costoso que ello puede ser, por lo que en muchas oportunidades hemos tenido que transportar el dinero de nuestros inversionistas en efectivo, con los consecuentes riesgos que ello puede acarrear para nuestros empleados y clientes, pero esto tampoco es un delito.*

- *A lo largo de los tres años de funcionamiento que tiene nuestra empresa, ninguno de los 200 mil miembros de la familia DMG, ha interpuesto acciones penales o administrativas derivadas de algún tipo de incumplimiento por parte nuestra, lo que demuestra que hemos actuado frente a nuestros clientes, de manera clara, seria y legal.*

- *El pasado 17 de Noviembre, por medio de un auto, al parecer radicado con numero 400014079 se ordenan unas medidas, que prácticamente acaban con nuestra entidad.*

- *La Superintendencia de Sociedades manifiesta que NO ES EXPLICABLE, ni jurídica, ni económicamente, que DMG pueda darle una buena participación de sus ganancias a sus clientes. (Algo que tampoco es Delito). Pero si es explicable y normal o "justo", que el sistema financiero se quede con las jugosas ganancias que le reporta el ejercicio anual de sus actividades. Así como también fue "normal"" en un momento dado, para el gobierno nacional, que cuando el sistema financiero colapsó en Colombia, todos los colombianos tuviéramos que comenzar a pagar un nuevo impuesto (Tres por Mil que luego pasó a ser cuatro por mil), para ayudar a los bancos a salir de la crisis y en adelante se volvió un impuesto permanente.*

- *La Superintendencia de Sociedades, dice que la gente entrega su dinero a través de tarjetas prepago, y encuentra en ello una seria irregularidad. Entonces, cuando se compran minutos de celular, o cuando se compran tarjetas prepago y le regalan al usuario el doble de tiempo al aire, estas empresas están captando dinero masivamente? ¿O tal vez esto es una venta masiva de bienes y servicios?*

Otro inversionista de DMG explica que *"Por ejemplo, DMG le compra un lote de 300 carros a Colmotores. Digamos, modelo Aveo. Por ser distribuidor y comprar al por mayor, se los dejan en 22 ó 23 millones por carro (comercialmente están en 30 más o menos), y DMG lo vende en 32 ó 34 (10% más costoso de lo que vale en el comercio). Lo que busca DMG es la "fidelización" del cliente pues, cuando usted compra la tarjeta prepago, firma un contrato de prestación de servicios de publicidad personalizada voz a voz, es decir, la publicidad de DMG no se gasta en radio, TV o prensa, sino a través de los clientes satisfechos, y la devolución de los dineros no es tal, sino el pago del contrato de prestación de servicios por la publicidad que usted le hace a la marca".*

"...Soy una Madre cabeza de hogar de estrato 2, lo cual puedo comprobar con mi recibos del públicos gracias a Dios y a DMG pude reunir un capital mayor a los 50 Millones y con esta decisión tan injusta del gobierno, no voy a recibir lo que compre en mis tarjetas. Señor Uribe, ¿los pobres no tenemos derecho a tener dinero? ¿Cualquier persona que haya comprado en sus tarjetas más de 5 millones es un "riquito" como lo llama usted... por que dentro de los requisitos que pidió la supersociedades no exigen un recibo público donde de verdad se demuestre mi condición social? Espero me responda estas inquietudes como ciudadana".

En medio de los testimonios de gratitud para con DMG, nos encontramos con una canción compuesta en su honor por el Grupo Musical Yoshel Lawher y cuya letra reza así:

DMG - ¿Héroe o Villano?

*David Murcia Guzmán a todo un pueblo puso a
soñar*

David soñador, a muchos sus sueños realizó

David visionario, contigo el pueblo es solidario

David a muchos ayudó y esto al gobierno enfureció.

David, David por ti el pueblo tiene ganas de vivir

*Uribe tiene el poder, pero es a ti a quien el pueblo
quiere ver*

*David aunque a ti el gobierno te desprecie, a ti el
pueblo te quiere*

*El gobierno no tiene la razón por eso el pueblo te
quiere de corazón.*

David tu eres grande, el gobierno es un cobarde

David por tu grandeza, a muchos diste empresa

Por ti muchos acariciamos una ilusión

Gobierno malo no tiene la razón.

Al pueblo quisiste ayudar y

El gobierno te trato como a un criminal

Tu obsesión es crear empresa

Tu único pecado fue luchar contra la pobreza.

"Hace 2 años estoy recibiendo mis honorarios (agosto
de 2008) *por referir voz a voz los productos de DMG. Me
parece que todos aquellos que nos hemos beneficiado de
este Súper negocio debemos apoyarlo y protegerlo de los
intereses oscuros de unos pocos. Es evidente que se asusten
cuando sienten pasos de gigante y cuando se desestabiliza*

su ya beneficioso sistema financiero establecido para beneficiar a menos del 5% de los colombianos. Gracias a Dios tenemos a DMG, nos ha permitido recobrar las fuerzas y las esperanzas a aquellos que no teníamos empleo. Hoy en dia estoy ahorrando para montar mi micro empresa y todo gracias a DMG porque en los bancos NO ME PRESTAN PLATA porque para ellos NO EXISTO. Apoyemos y protejamos de "las malas lenguas" a DMG...".

"Estoy feliz con DMG. He tenido la oportunidad de comprar muchas cosas que deseaba tener y lo mejor de todo es que seis meses después recibí los beneficios por la publicidad que he hecho a toda mi familia, mis vecinos y demás personas con las que tengo contacto. Compré otra tarjeta para poder remodelar mi casa y seguir cumpliendo muchos sueños entre ellos poder llevar de vacaciones a mis hijos ya que Decamerón tiene convenio con DMG (¿?). Creo en DMG".

SEXTA PARTE

**LAS ACUSACIONES
CONTRA DMG**

1

El Contador: el testigo clave

Una de las figuras de la historia que más arraigo tiene en el colectivo imaginario mundial y popular es Alphonse Gabriel Capone más conocido como Al Capone (Caracortada Capone), apodo que recibe debido a la cicatriz que tenía en su cara provocada por un corte de navaja. Capone comenzó su carrera en Brooklyn antes de trasladarse a Chicago y convertirse en la figura más mentada del crimen en la ciudad. Hacia finales de los años 20, Al Capone ya estaba en la lista de los "más buscados" del FBI.

Al Capone se creía invencible, que las autoridades de los EE. UU. jamás podrían ponerlo preso, y su detención se produjo en los años 30, cuando fue encarcelado por el Gobierno Federal de los Estados Unidos, pero por evasión de impuestos.

Al Capone era el rey de todos los negocios ilegales de su área de influencia, desde el contrabando de licor, apuestas clandestinas e ilegales, prostitución, comercio ilegal, robo… Y siempre hacía sus negocios sin dejar registros que lo relacionasen con sus ganancias, pero las leyes promulgadas en 1927 permitieron al gobierno federal perseguir a Capone por donde menos lo imaginó: evasión de impuestos.

El símil de cómo cayó Al Capone, que sólo logró ser procesado por todas las fuerzas de inteligencia de Estados Unidos quien únicamente logró enjuiciarlo no por ningún delito cometido sino exclusivamente por la contabilidad secreta que le fue detectada no a Al Capone, sino quién lo creyera al Contador quien llevaba un riguroso registro de cada pago. La carga de la prueba que utilizó la Justicia americana no fueron, por tanto, los crímenes de Al Capone sino su doble contabilidad. En el juicio público cuando Al Capone pensaba que saldría libre, sorpresivamente las autoridades presentaron como testigo al contador. Con ese testimonio Capone fue condenado.

En el caso de David Murcia Guzmán, al parecer la caída de su imperio se presentaría no tanto por su muy bien estructurado negocio DMG, diseñado con inteligencia por sus abogados y asesores que en cierta forma lo blindaron con acertados visos de legalidad, pero Murcia estaría ad portas del derrumbe definitivo de su corto imperio por una presunta doble contabilidad que revelaría los secretos de cómo lograba duplicar el valor de los depósitos que recibía de los confiados inversionistas de la familia DMG.

2

LAS PRIMERAS SINDICACIONES

David Murcia Guzmán se ideó un negocio, tildado por algunos como "pirámide" y defendido por otros como multirred comercial, aunque con pruebas iniciales la Fiscalía General de la Nación lo acusa de captación ilegal de dineros y lavado de activos.

De acuerdo con la Superintendencia de Sociedades, estas son algunas de las irregularidades que presenta DMG.

- No tienen registros contables legalmente aceptados; no existen actas de Asamblea de Accionistas; ni convocatorias a reunión de Junta Directiva ni el Revisor Fiscal ni el Representante Legal tienen remuneración, tal como lo exige las normas.

- No se pagó capital inicial por parte de los accionistas de 100 millones de pesos.

- No hay informe de gestión ni el dictamen de revisor fiscal, estados financieros o proyecto de distribución de utilidades de 2007. Los accionistas aprobaron no distribuir utilidades y trasladarlas a una reserva ocasional.

- Debido al atraso contable no se estableció si la sociedad está intermediando en la adquisición de bienes y servicios a través del sistema de tarjeta prepago DMG.

- No fue posible establecer si la actividad principal de DMG Grupo Holding S.A. guarda directa relación con su objeto social.

- No se precisó cuáles fueron los productos que adquirieron los clientes a través de la tarjeta prepago lo cual impide además conocer si fue recaudado el IVA.

- No suministraron soportes, ni documentos de recaudo del IVA en más de 5.840 millones de pesos.

- Presentan documentos con diversas firmas a pesar de corresponder supuestamente a la misma persona.

Por ello, con base en las irregularidades encontradas por la Superintendencia de Sociedades, relacionadas con la captación y recaudo de dineros sin autorización por parte de la sociedad, el gobierno del Presidente Álvaro Uribe Vélez ordenó la intervención a la compañía mediante la toma de posesión de sus bienes, haberes y negocios.

La decisión fue adoptada en ejercicio de las facultades otorgadas por el Decreto 4334 del 17 de noviembre de 2008, expedido al amparo de la Emergencia Social establecida mediante Decreto 4333 del 17 de noviembre de 2008.

Este Decreto señala que la intervención tiene como objeto la suspensión de manera inmediata de las operaciones o negocios de personas naturales o jurídicas que generan abuso del derecho y fraude a la ley, mediante mecanismos tales como tarjetas prepago, pirámides y venta de servicios a cambio de bienes, servicios y rendimientos sin explicación financiera razonable, y con ello disponer un proceso cautelar para la pronta devolución de los dineros.

Ambos Decretos se insertan en este libro a continuación al amparo de la Ley 23 de 1982, Artículo 41º que reza: *"Es permitido a todos reproducir la Constitución, leyes, decretos, ordenanzas, acuerdos, reglamentos, demás actos administrativos y decisiones judiciales, bajo la obligación de conformarse puntualmente con la edición oficial, siempre y cuando no esté prohibido".*

República de Colombia

Libertad y Orden

MINISTERIO DE HACIENDA Y CREDITO PÚBLICO

DECRETO NÚMERO 4333 DE 2008

1 7 NOV 2008

Por el cual se declara el Estado de Emergencia Social

EL PRESIDENTE DE LA REPUBLICA DE COLOMBIA

En uso de las facultades que le confiere el artículo 215 de la Constitución Política y en desarrollo de lo previsto en la ley 137 de 1994, y

CONSIDERANDO

Que en los términos del artículo 215 de la Constitución Política de Colombia, el Presidente de la República con la firma de todos los ministros, en caso de que sobrevengan hechos distintos de los previstos en los artículos 212 y 213 de la Constitución Política, que perturben o amenacen perturbar en forma grave e inminente el orden económico, social y ecológico del país, o que constituyan grave calamidad pública, podrá declarar el estado de emergencia.

Que de acuerdo con lo previsto por el artículo 335 de la Constitución Política y las leyes colombianas vigentes, las actividades relacionadas con el manejo, aprovechamiento e inversión de los recursos captados del público son de interés público y están sujetas a la intervención del Estado. Conforme a las normas legales las únicas entidades autorizadas para captar de manera masiva del público son las instituciones sometidas a la inspección, control y vigilancia de la Superintendencia Financiera de Colombia o de la Superintendencia de la Economía Solidaria. Es así como desde 1982 se consideran penalmente responsables las personas que captan de manera masiva sin la debida autorización de la Superintendencia Financiera.

Que a pesar de lo anterior, han venido proliferando de manera desbordada en todo el país, distintas modalidades de captación o recaudo masivo de dineros del público no autorizados bajo sofisticados sistemas que han dificultado la intervención de las autoridades.

Que, con base en las falsas expectativas generadas por los inexplicables beneficios ofrecidos, un número importante de ciudadanos ha entregado sumas de dinero a captadores o recaudadores en operaciones no autorizadas, comprometiendo su patrimonio.

Que tales actividades llevan implícito un grave riesgo y amenaza para los recursos entregados por el público, toda vez que no están sujetas a ningún régimen prudencial y carecen de las garantías y seguridades que ofrece el sector financiero autorizado por el Estado.

Continuación del Decreto "Por el cual se declara el Estado de Emergencia Social"

Que, con dichas modalidades de operaciones, se generan falsas expectativas en el público en general, toda vez que no existen negocios lícitos cuya viabilidad financiera pueda soportar de manera real y permanente estos beneficios o rendimientos, y en tal sentido los niveles de riesgo asumidos están por fuera de toda razonabilidad financiera.

Que, la inclinación de muchos ciudadanos por obtener beneficios desorbitantes, los ha llevado a depositar sus recursos en estas empresas cuyas operaciones se hacen sin autorización, desconociendo las reiteradas advertencias del Gobierno Nacional.

Que, frente a la presencia de dichos captadores o recaudadores de dineros del público en distintas regiones del territorio nacional, mediante operaciones no autorizadas se han adoptado acciones y medidas por parte de distintas autoridades judiciales y administrativas.

Que, no obstante lo anterior, se hace necesario adoptar procedimientos ágiles, mecanismos abreviados y demás medidas tendientes, entre otras, a restituir a la población afectada por las mencionadas actividades, especialmente a la de menores recursos, los activos que sean recuperados por las autoridades competentes.

Que estas actividades no autorizadas han dejando a muchos de los afectados en una precaria situación económica, comprometiendo así la subsistencia misma de sus familias, lo cual puede devenir en una crisis social.

Que con ocasión de lo expuesto en los considerandos anteriores, también puede perturbarse el orden público.

Que dada la especial coyuntura que configuran los hechos sobrevinientes descritos, que están amenazando con perturbar en forma grave el orden social, se hace necesario contrarrestar esta situación en forma inmediata.

Que se hace necesario ajustar las consecuencias punitivas de los comportamientos señalados en el presente Decreto.

Que se hace necesario profundizar los mecanismos de acceso para las personas de bajos recursos al sistema financiero.

Que se hace necesario dotar a las autoridades locales que mecanismos expeditos con miras a evitar la perdida de los recursos que puedan afectar el interés de la comunidad.

DECRETA

Artículo 1º. Con el fin de conjurar la situación a que hace referencia la parte motiva del presente decreto, **DECLÁRASE** el Estado de Emergencia en todo el territorio nacional, por el término de treinta (30) días, contados a partir de la fecha de esta declaratoria.

Artículo 2º. El Gobierno Nacional, ejercerá las facultades a las cuales se refiere el artículo 215 de las Constitución Política y el artículo 1 del presente Decreto, por el término de treinta (30) días contados a partir de la fecha de la declaratoria.

Continuación del Decreto "Por el cual se declara el Estado de Emergencia Social"

Artículo 3º. El presente Decreto rige a partir de la fecha de su expedición.

PUBLÍQUESE Y CÚMPLASE
Dado en Bogotá D. C., a los

17 NOV 2008

FABIO VALENCIA COSSIO
Ministro de Interior y Justicia

JAIME BERMUDEZ MERIZALDE
Ministro de Relaciones Exteriores

OSCAR IVAN ZULUAGA ESCOBAR
Ministro de Hacienda y Crédito Público

JUAN MANUEL SANTOS CALDERON
Ministro de Defensa Nacional

ANDRES FELIPE ARIAS LEYVA
Ministro de Agricultura y Desarrollo Rural

DIEGO PALACIO BETANCOURT
Ministro de la Protección Social

HERNAN MARTINEZ TORRES
Ministro de Minas y Energía

LUIS GUILLERMO PLATA PAEZ
Ministro de Comercio, Industria y Turismo

CECILIA MARIA VELEZ WHITE
Ministra de Educación Nacional

JUAN LOZANO RAMIREZ
Ministro de Ambiente, Vivienda y Desarrollo Territorial

MARIA DEL ROSARIO GUERRA DE LA ESPRIELLA
Ministra de Comunicaciones

ANDRES URIEL GALLEGO HENAO
Ministro de Transporte

PAULA MARCELA MORENO ZAPATA
Ministra de Cultura

MINISTERIO DE COMERCIO, INDUSTRIA Y TURISMO

DECRETO NÚMERO 0 4334 DE 2008

17 NOV 2008

Por el cual se expide un procedimiento de intervención en desarrollo del
Decreto 4333 del 17 de noviembre de 2008

EL PRESIDENTE DE LA REPÚBLICA DE COLOMBIA,

En ejercicio de las atribuciones que le otorga el artículo 215 de la Constitución Política,
en concordancia con la Ley 137 de 1994 y en desarrollo a lo dispuesto en el Decreto
No. 4333 del 17 de noviembre de 2008

CONSIDERANDO:

Que se han presentado conductas y actividades sobrevinientes por parte de personas
naturales y jurídicas que atentan contra el interés público protegido por el artículo 335
de la C.P., en tanto que por la modalidad de captadores o recaudadores en
operaciones no autorizadas tales como pirámides, tarjetas prepago, venta de servicios
y otras operaciones y negociaciones, generan abuso del derecho y fraude a la ley al
ocultar en fachadas jurídicas legales, el ejercicio no autorizado de la actividad
financiera, causando graves perjuicios al orden social y amenazando el orden público,
tal como fue expresado en el decreto de Declaratoria de Emergencia, razón por la
cual, el Gobierno Nacional debe adoptar urgentes medidas con fuerza de ley que
intervengan de manera inmediata las conductas, operaciones y el patrimonio de las
personas involucradas y en las de quienes amenazan con desarrollarlas en adelante,

DECRETA:

ARTÍCULO 1°. INTERVENCIÓN ESTATAL.- Declarar la intervención del Gobierno
Nacional, por conducto de la Superintendencia de Sociedades, de oficio o a solicitud
de la Superintendencia Financiera, en los negocios, operaciones y patrimonio de las
personas naturales o jurídicas que desarrollan o participan en la actividad financiera
sin la debida autorización estatal, conforme a la ley, para lo cual se le otorgan a dicha
Superintendencia amplias facultades para ordenar la toma de posesión de los bienes,
haberes y negocios de dichas personas, con el objeto de restablecer y preservar el
interés público amenazado.

ARTÍCULO 2°. OBJETO.- La intervención es el conjunto de medidas administrativas
tendientes, entre otras, a suspender de manera inmediata las operaciones o negocios
de personas naturales o jurídicas que a través de captaciones o recaudos no
autorizados, tales como pirámides, tarjetas prepago, venta de servicios y otras
operaciones y negociaciones masivas, generan abuso del derecho y fraude a la ley al
ejercer la actividad financiera irregular y, como consecuencia, disponer la
organización de un procedimiento cautelar que permita la pronta devolución de
recursos obtenidos en desarrollo de tales actividades..

ARTÍCULO 3°. NATURALEZA.- El presente procedimiento de intervención
administrativa se sujetará exclusivamente a las reglas especiales que establece el

presente decreto y, en lo no previsto, el Código Contencioso Administrativo. Las decisiones de toma de posesión para devolver que se adopten en desarrollo del procedimiento de intervención tendrán efectos de cosa juzgada erga omnes, en única instancia, con carácter jurisdiccional.

ARTÍCULO 4°. COMPETENCIA.- La Superintendencia de Sociedades, de oficio o a solicitud de la Superintendencia Financiera será la autoridad administrativa competente, de manera privativa, para adelantar la intervención administrativa a que alude este decreto.

ARTÍCULO 5°. SUJETOS.- Son sujetos de la intervención las actividades, negocios y operaciones de personas naturales o jurídicas, nacionales o extranjeras, establecimientos de comercio, sucursales de sociedades extranjeras, representantes legales, miembros de juntas directivas, socios, factores, revisores fiscales, contadores, empresas y demás personas naturales o jurídicas vinculadas directa o indirectamente, distintos a quienes tienen exclusivamente como relación con estos negocios el de haber entregado sus recursos.

ARTÍCULO 6°. SUPUESTOS.- La intervención se llevará a cabo cuando existan hechos objetivos o notorios que a juicio de la Superintendencia de Sociedades, indiquen la entrega masiva de dineros a personas naturales o jurídicas, directamente o a través de intermediarios, mediante la modalidad de operaciones de captación o recaudo en operaciones no autorizadas tales como pirámides, tarjetas prepago, venta de servicios y otras operaciones semejantes a cambio de bienes, servicios o rendimientos sin explicación financiera razonable.

ARTÍCULO 7°. MEDIDAS DE INTERVENCIÓN.- En desarrollo de la intervención administrativa, la Superintendencia de Sociedades podrá adoptar las siguientes medidas:

a) La toma de posesión para devolver, de manera ordenada, las sumas de dinero aprehendidas o recuperadas.

b) La revocatoria y reconocimiento de ineficacia de actos y negocios jurídicos, celebrados con antelación a la toma de posesión.

c) La devolución de bienes de terceros, no vinculados a la actividad no autorizada.

d) En caso de que a juicio de la Superintendencia se presente una actividad con la cual se incurra en alguno de los supuestos descritos en el presente decreto, por parte de una persona natural o jurídica y ésta manifieste su intención de devolver voluntariamente los recursos recibidos de terceros, esta Entidad podrá autorizar el correspondiente plan de desmonte. En el evento que dicho plan se incumpla se dispondrá la adopción de cualquiera de las medidas previstas en este Decreto, sin perjuicio de las actuaciones administrativas y penales a que hubiere lugar.

e) La suspensión inmediata de las actividades en cuestión, bajo apremio de multas sucesivas, hasta de dos mil salarios mínimos legales mensuales vigentes. Esta medida se publicará en un diario de amplia circulación nacional indicando que se trata de una actividad no autorizada.

f) La disolución y liquidación judicial de la persona jurídica o de cualquier contrato u otra forma de asociación que no genere personificación jurídica, ante la

Superintendencia de Sociedades, independientemente a que esté incursa en una situación de cesación de pagos.

g) La liquidación judicial de la actividad no autorizada de la persona natural sin consideración a su calidad de comerciante.

h) Cualquier otra que se estime conveniente para los fines de la intervención.

PARÁGRAFO 1°. La providencia que ordena las medidas anteriores surte efectos desde su expedición y se ordenará su inscripción en el registro de la cámara de comercio del domicilio principal del sujeto de intervención, de sus sucursales y agencias, y contra la misma no procederá recurso alguno.

PARÁGRAFO 2°. Se entenderán excluidos de la masa de la liquidación los bienes de la intervenida hasta concurrencia de las devoluciones aceptadas a quienes hayan entregado sus recursos.

PARÁGRAFO 3°. Para la ejecución de las medidas de que trata este artículo, la Superintendencia de Sociedades o la Superintendencia Financiera de Colombia, cuando a ésta le corresponda, cuando las circunstancias lo ameriten, podrá ordenar a los comandantes de policía de los lugares en donde se realicen las actividades no autorizadas, aplicar las medidas de policía necesarias para cerrar los establecimientos o lugares donde se realicen las actividades no autorizadas, la colocación de sellos, los cambios de guarda, y demás medidas precautelativas para proteger los derechos de terceros y para preservar la confianza del público en general.

PARÁGRAFO 4°. La Superintendencia de Sociedades o el agente interventor podrán celebrar los convenios que consideren necesarios para el ejercicio de las funciones señaladas en este decreto.

ARTÍCULO 8°. PROVIDENCIA QUE ORDENA LA TOMA DE POSESIÓN. Si los alcaldes informan a la Superintendencia de Sociedades sobre la necesidad de adopción de medidas establecidas en el artículo 7º de este decreto, esta entidad consultará la base de datos de las Superintendencias Financiera y de Economía Solidaria, si se encuentra autorizada la persona jurídica objeto de intervención.

Si procede la intervención, la Superintendencia de Sociedades expedirá la providencia de toma de posesión de los bienes, haberes y negocios de la persona natural o jurídica y designará en la misma providencia el agente interventor.

En la providencia ordenará consignar el efectivo aprehendido o incautado en cuenta de depósitos judiciales del Banco Agrario, a nombre de la Superintendencia de Sociedades.

ARTÍCULO 9°. EFECTOS DE LA TOMA DE POSESIÓN PARA DEVOLUCIÓN.- La toma de posesión para devolución conlleva:

1. El nombramiento de un agente interventor, quien tendrá a su cargo la representación legal, si se trata de una persona jurídica, o la administración de los bienes de la persona natural intervenida y la realización de los actos derivados de la intervención que no estén asignados a otra autoridad.

2. La remoción de los administradores y revisor fiscal, salvo que en razón de las circunstancias que dieron lugar a la intervención la superintendencia decida no removerlos.

3. Las medidas cautelares sobre los bienes del sujeto intervenido y la orden de inscripción de la medida en la Cámara de Comercio del domicilio principal y de sus sucursales, si las hubiere, respecto de aquellos sujetos a esa formalidad.

4. La inmediata guarda de los bienes, libros y papeles de la persona natural o jurídica intervenida, para lo cual tendrá las facultades necesarias para impartir las órdenes pertinentes a la fuerza pública, incluso previas a la diligencia de toma de posesión.

5. La congelación de cualquier activo y a cualquier título en instituciones financieras de la persona intervenida, los cuales quedarán a disposición inmediata del agente interventor, quien podrá disponer de los mismos para los fines de la intervención.

6. La fijación de un aviso por el término de tres (3) días que informe acerca de la medida, el nombre del agente interventor y el lugar donde los reclamantes deberán presentar sus solicitudes, así como el plazo para ello. Copia del aviso será fijada en la página web de la Superintendencia de Sociedades.

7. La exigibilidad inmediata de todos los créditos a favor de la persona intervenida.

8. El levantamiento de las medidas cautelares de que sean objeto los bienes de la persona intervenida, para lo cual la autoridad de que trata el artículo 2º de este decreto, librará los oficios correspondientes. Una vez recibidos los mismos, inmediatamente deberá inscribirse dicho levantamiento por parte de las personas o autoridades encargadas de los registros correspondientes.

9. La suspensión de los procesos de ejecución en curso y la imposibilidad de admitir nuevos procesos de esta clase contra la persona o entidad objeto de toma de posesión con ocasión de obligaciones anteriores a dicha medida, para lo cual se enviará comunicación a los jueces de la República y a las autoridades que adelanten procesos de jurisdicción coactiva. Igualmente advertirá sobre la obligación de dar aplicación a las reglas previstas en la Ley 1116 de 2006.

10. La prohibición de iniciar o continuar procesos o actuación alguna contra la intervenida sin que se notifique personalmente al agente interventor, so pena de ineficacia.

11. La obligación de quien tenga en su poder activos de propiedad de la persona intervenida, de proceder de manera inmediata a entregarlos al agente interventor.

12. La facultad al agente interventor para poner fin a cualquier clase de contratos existentes al momento de la toma de posesión, si los mismos no son necesarios.

13. La obligación a los deudores de la intervenida de sólo pagar al agente interventor, siendo inoponible el pago hecho a persona distinta.

14. El depósito de las sumas aprehendidas que pertenezcan a la persona intervenida en el Banco Agrario de Colombia, a disposición del agente interventor.

15. Se presumirá que todos los recursos aprehendidos son de propiedad de la persona objeto de la intervención y producto de la actividad mencionada en el artículo primero y sexto de este decreto.

ARTÍCULO 10º. DEVOLUCIÓN INMEDIATA DE DINEROS.- Este procedimiento se aplicará por la Superintendencia de Sociedades cuando previamente haya decretado la toma de posesión. En este caso se aplicará el siguiente procedimiento:

a) Dentro de los dos (2) días siguientes a la expedición de la providencia de toma de posesión, el Agente Interventor publicará un aviso en un diario de amplia circulación nacional, en el cual se informe sobre la medida de intervención, o por cualquier medio expedito. Así mismo, la Superintendencia de Sociedades fijará en su página Web copia de la providencia.

b) En el mismo aviso, el Agente Interventor convocará a quienes se crean con derecho a reclamar las sumas de dinero entregadas a la persona natural o jurídica intervenida, para que presenten sus solicitudes en el sitio o sitios que señale para el efecto, dentro de los diez (10) días siguientes a la publicación del aviso.

c) La solicitud deberá hacerse por escrito con presentación personal ante el interventor, acompañado del original del comprobante de entrega de dinero a la persona intervenida.

d) El Agente Interventor, dentro de los veinte (20) días siguientes al vencimiento del término anterior, expedirá una providencia que contendrá las solicitudes de devolución aceptadas y las rechazadas, la cual será publicada en la misma forma de la providencia de apertura. Contra esta decisión procederá el recurso de reposición que deberá presentarse dentro de los tres (3) días siguientes a la expedición de esta providencia. Las devoluciones aceptadas tendrán como base hasta el capital entregado.

e) La interposición de los recursos no suspenderá el pago de las reclamaciones aceptadas, las cuales serán atendidas dentro de los diez (10) días siguientes a la fecha de la ejecutoria de la providencia, por conducto de entidades financieras, previo endoso del título de depósito judicial de la Superintendencia de Sociedades a favor del Agente Interventor.

f) Los recursos de reposición serán resueltos dentro de los cinco (5) días siguientes al vencimiento del plazo de presentación, luego de lo cual se atenderán las devoluciones aceptadas dentro de los dos (2) días siguientes a la fecha de la decisión y el saldo, si lo hubiere, acrecerá a todos los beneficiarios de la devolución a prorrata de sus derechos.

PARÁGRAFO 1.- CRITERIOS PARA LA DEVOLUCIÓN.- Para la devolución de las solicitudes aceptadas, el Agente Interventor deberá tener en cuenta los siguientes criterios:

a) Se atenderán todas las devoluciones aceptadas dividiendo por el número de solicitantes, hasta concurrencia del activo y hasta el monto de lo aceptado.

b) En caso de que sean puestos a disposición o aparezcan nuevos recursos, se aplicará el procedimiento anteriormente señalado para el pago de devoluciones aceptadas insolutas .

c) En el evento en el que se demuestre que se han efectuado devoluciones anteriores a la intervención a cualquier título, estás sumas podrán ser descontadas de la suma aceptada por el agente interventor.

PARÁGRAFO 2.- Los días señalados en el presente procedimiento se entenderán comunes.

PARÁGRAFO 3.- Los honorarios del Agente Interventor y los gastos propios de la intervención, serán cancelados con cargo al patrimonio de la intervenida y, en su defecto, del fondo cuenta que para el efecto sea constituido por el Ministerio de Hacienda y Crédito Público, de conformidad con las instrucciones impartidas por la Superintendencia de Sociedades.

ARTÍCULO 11. EL AGENTE INTERVENTOR. El Agente Interventor deberá tomar posesión ante el Superintendente de Sociedades y podrá ser una persona natural o jurídica e incluso ser un servidor público.

ARTÍCULO 12. DECLARATORIA DE TERMINACIÓN DE LA TOMA DE POSESIÓN PARA DEVOLUCIÓN. Efectuados los pagos el agente interventor informará de ello a la Superintendencia de Sociedades y presentará una rendición de cuentas de su gestión.

Declarada la terminación de la toma de posesión para devolución por la Superintendencia de Sociedades, ésta tendrá la facultad oficiosa para que, cuando lo considere necesario aplique otras medidas de intervención.

ARTÍCULO 13. ACTUACIONES EN CURSO EN LA SUPERINTENDENCIA FINANCIERA DE COLOMBIA.- Las actuaciones en curso que viene conociendo la Superintendencia Financiera se someterán a las siguientes reglas:

a) Las actuaciones administrativas respecto de las cuales ya se haya realizado visita de inspección se continuarán conociendo conforme a la regla del artículo 108 del Estatuto Orgánico del Sistema Financiero. Una vez notificado el acto administrativo que determina la actividad no autorizada, se remitirá la actuación a la Superintendencia de Sociedades para lo de su competencia, sin perjuicio de que la Superintendencia Financiera resuelva los recursos que procedan.

La interposición del recurso de reposición no suspende la ejecución de la medida.

b) Los casos que están pendientes de investigación, o respecto de los cuales aún no se ha determinado si la actividad que se adelanta se encuentra autorizada, deberán ser evaluados a la luz de los supuestos contemplados en el artículo 6º de este Decreto. Una vez adoptadas las medidas correspondientes se remitirá la actuación administrativa a la Superintendencia de Sociedades, para lo de su competencia.

PARÁGRAFO.- En los eventos a que se refiere este artículo, la Superintendencia Financiera podrá aplicar cualquiera de las medidas establecidas en el artículo 7º del presente decreto, y las mismas se notificarán por aviso.

"Continuación del Decreto por el cual se expide un procedimiento de intervención en desarrollo del Decreto 4333 del 17 de noviembre de 2008
Hoja No. 7

ARTÍCULO 14. ACTUACIONES REMITIDAS A JUECES CIVILES DE CIRCUITO. Las actuaciones remitidas a los jueces civiles de circuito por la Superintendencia Financiera de Colombia, en donde no se hubiere avocado conocimiento, trasladados con ocasión de lo previsto en el Decreto 1228 de 1996, deberán ser enviadas a la Superintendencia de Sociedades para que asuma competencia en los términos de este Decreto.

ARTICULO 15. REMISIONES. En lo no previsto en el presente decreto, se aplicarán, en lo pertinente, supletivamente las reglas establecidas en el Estatuto Orgánico del Sistema Financiero para la toma de posesión y en el Régimen de Insolvencia Empresarial.

ARTÍCULO 16. VIGENCIA Y DEROGATORIAS. El presente Decreto rige a partir de la fecha de su publicación y deroga las normas que le sean contrarias.

PUBLÍQUESE Y CÚMPLASE
Dado en Bogotá, D.C., a los   **1 7 NOV 2008**

FABIO VALENCIA COSSIO
Ministro de Interior y Justicia

"Continuación del Decreto por el cual se expide un procedimiento de intervención en desarrollo del Decreto 4333 de 2008
Hoja No. 8

JAIME BERMUDEZ MERIZALDE
Ministro de Relaciones Exteriores

OSCAR IVAN ZULUAGA ESCOBAR
Ministro de Hacienda y Crédito Público

JUAN MANUEL SANTOS CALDERON
Ministro de Defensa Nacional

ANDRES FELIPE ARIAS LEYVA
Ministro de Agricultura y Desarrollo Rural

DIEGO PALACIO BETANCOURT
Ministro de la Protección Social

HERNAN MARTINEZ TORRES
Ministro de Minas y Energía

LUIS GUILLERMO PLATA PAEZ
Ministro de Comercio, Industria y Turismo

CECILIA MARIA VELEZ WHITE
Ministra de Educación Nacional

"Continuación del Decreto por el cual se expide un procedimiento de intervención en desarrollo del Decreto 4333 de 2008
Hoja No. 9
_____

JUAN LOZANO RAMIREZ
Ministro de Ambiente, Vivienda y Desarrollo Territorial

MARIA DEL ROSARIO GUERRA DE LA ESPRIELLA
Ministra de Comunicaciones

ANDRES URIEL GALLEGO HENAO
Ministro de Transporte

PAULA MARCELA MORENO ZAPATA
Ministra de Cultura

DMG - ¿Héroe o Villano?

Como medida precautelativa, se comisionó a la Policía Nacional a través de los respectivos comandantes de estación, para que lleve a cabo las diligencias de cierre, colocación de sellos, cambios de guarda, de considerarlo necesario, de las oficinas, sucursales, agencias y establecimientos de comercio donde viene funcionando y desarrollando su actividad la sociedad DMG. Y, así mismo, para que realice la custodia provisional de cada uno de los bienes y haberes de la misma sociedad que se encuentren dentro de sus instalaciones.

Una vez se expidieron los decretos el Presidente de la República, Álvaro Uribe Vélez, intervino en una alocución radiotelevisada sobre el tema de las "pirámides":

"El delito de captación masiva e ilegal de dinero, cualquiera sea la modalidad, cualquiera sea la ficción detrás de la cual se esconda, cualquiera sea la carta de presentación, es un delito contra el orden económico y social, genera profundas perturbaciones sociales.

Y en el tema particular y preciso sobre DMG, el Presidente expresó:

"En el caso de DMG, la Superintendencia ha nombrado como agente interventora a la doctora María Mercedes Perry, de una trayectoria de transparencia y de eficiencia que los colombianos reconocemos. Esta legislación ha entregado a alcaldes y gobernadores competencias, para que ellos, al ser informados de la existencia de pirámides, inmediatamente con la policía, procedan a sellarlas y a informar a la Superintendencia".

3
LA FISCALÍA ACUSA

Días después de la captura de David Murcia Guzmán, un fiscal de Lavado de Activos le impútó cargos *"por su presunta autoría en el delito de lavado de activos agravado en concurso heterogéneo y sucesivo con captación masiva y habitual de dineros"*.

Según la argumentación presentada por la Fiscalía, no hay razones que justifiquen el incremento patrimonial de la empresa DMG, creada en abril de 2005 con 100 millones de pesos, que estaba en proceso de crecimiento y que en nueve meses registró manejos por 2.696 millones de pesos, los cuales eran enviados desde distintos municipios del departamento de Putumayo.

En la misma acusación, la Fiscalía señaló que *"no se encuentra explicación sobre algunos préstamos a la empresa por parte de David Murcia Guzmán y su esposa, Johanna Iveth León, de 1.135 millones de pesos y 1.048 millones, respectivamente, los cuales eran pagados el mismo día por la firma"*.

De acuerdo con la Fiscala del caso *"desde el mismo momento de la constitución de la empresa, se inicia una práctica de lavado. Si se confronta la parte contable con los registros bancarios no existe una igualdad en las cifras"*.

Llamadas comprometedoras

En el proceso de investigación, la Fiscalía reveló una interceptación telefónica en la cual David Murcia Guzmán pide a uno de sus socios *"670 millones de pesos para hacer labores de cabildeo en el Congreso de la República para aprobar un artículo en la reforma financiera que favoreciera el mecanismo de las tarjetas prepago para adquisición de bienes y servicios"*.

Además, en una conversación entre David Murcia Guzmán y Daniel Ángel Rueda, presunto administrador de DMG, también se advierte de la posibilidad de conseguir un grupo de periodistas en Colombia, Méjico, Perú, Panamá y Ecuador, que trabajaran para los intereses de la firma, y para lo cual dispondrían 6 millones de dólares.

La Fiscalía, como resultado de estas presuntas llamadas y al sustentar la imputación por el presunto delito de lavado de activos contra Daniel Ángel Rueda, señaló que *"esta persona (Rueda) administró dinero a través de la venta de yates, introdujo y sacó dinero del país para la adquisición de bienes y finca raíz, en acatamiento a órdenes impartidas por David Murcia Guzmán a él y a la otra procesada"*.

La fiscal Luz Ángela Bahamón aseguró *"que el acusado lavó activos mediante las operaciones de la firma DMG, intervenida por la Superintendencia Financiera"*. *Bahamón anunció durante la audiencia de imputación de cargos que la Fiscalía General de la Nación tiene 2.600 interceptaciones telefónicas que demuestran las irregularidades cometidas por DMG"*. Asimismo, la fiscal aseguró que otra de las grabaciones en poder de la Fiscalía demostrarían los vínculos entre Murcia y el jefe paramilitar y narcotraficante Carlos Mario Jiménez, alias "Macaco", extraditado en mayo pasado a Estados Unidos.

Entre las evidencias aportadas por la Fiscalía están mensajes de texto en los cuales Murcia le dice a Daniel Ángel Rueda que también tiene planes de dar dinero a periodistas para que hablen bien de DMG: *"Mil periodistas altos, todos de cinco millones de pesos mensuales (2.115 dólares); mil periodistas medios, de tres millones de pesos (1.270); mil periodistas bajos, de dos millones de pesos (850). Eso es para abarcar Colombia, México, Ecuador, Panamá, Perú. Compremos CNN",* escribió Murcia en uno de los mensajes.

Según Bahamón, *"las investigaciones contra la firma indican que desde su creación, en 2005, comenzaron las operaciones de lavado de activos, pues DMG se constituyó con un capital de 100 millones de pesos (42.300 dólares) y ocho meses después recibía 2 000 millones de pesos (846.000 dólares). Desde la constitución de la empresa se inicia una práctica de lavados. Si se confronta la parte contable con los registros bancarios, no existe una igualdad en las cifras".*

Sobre las cifras de dinero captado por DMG, Bahamón expresó *"que su investigación tenía documentos que daban cuenta de que en lo que va del 2008 Murcia y sus socios habían captado más de un billón de pesos (unos 435.000 de dólares) de incautos inversionistas colombianos".*

En otras grabaciones, presentadas en la audiencia por la Fiscal 23 especializada, Luz Ángela Bahamón, revelaron arreglos para distraer a las superintendencias, el manejo de una doble contabilidad, el ingreso de capitales mafiosos, y el plan para hacer 'lobby' en el congreso. Además, en otra de las múltiples conversaciones en poder de la Fiscalía se evidenciarían los supuestos nexos entre Juan Carlos Ramírez Abadía, alias "Chupeta", y el ex director del DAS, general Miguel Alfredo Maza Márquez con DMG.

La red de DMG llegó, según la Fiscalía, hasta el Congreso y los altos mandos de la Fuerza Pública, esto se basa en una serie de interceptaciones telefónicas en las que se evidencia la entrega de grandes cantidades de dinero a congresistas y militares.

En el caso del Congreso, la reforma financiera a punto de aprobarse en el Congreso, contempla en el artículo 83 la legalización de las tarjetas prepago que utilizaba la empresa DMG. En una grabación en poder de las autoridades Daniel Ángel Rueda, actualmente detenido en esta investigación pone en evidencia el "lobby" en el Congreso. *"Respecto al poder político, existe un audio del 29 de octubre pasado. Daniel dice que acaba de colgar con David Murcia, quien le dice que necesita conseguir 760 millones de pesos para lobby en el Congreso, que toca girarlo porque mañana sale una ley, unas vainas y toca pisar a la gente"*, afirmó la fiscal Bahamón.

También se reveló que *"tras la incautación de mil millones de pesos de DMG en Cartagena, el 28 de octubre de 2007, Murcia Guzmán dice en una conversación telefónica que si le entregan todos los datos de los oficiales que hicieron el operativo, él buscará ayuda con algún general para que le devuelvan el dinero".*

Una vez fueron presentados por la Fiscalía, Luz Marina Zamora, la Jueza 31 Penal con funciones de Control de

Garantías, profirió medida de aseguramiento en contra de David Murcia Guzmán, representante legal de DMG Grupo Holding S. A. y Daniel Ángel Rueda, administrador de la firma, y Margarita Pabón Castro.

Con su decisión, la Jueza avaló los elementos materiales probatorios de la Fiscalía según los cuales la empresa no desarrolla objetos sociales, lleva una doble contabilidad, no presenta reportes claros sobre su creación, entre otras irregularidades. También señaló que la defensa no supo explicar dónde reposan los dineros de la firma, ni cómo se garantizarán la entrega de los recursos a los inversionistas.

4

ÓRDENES DE CAPTURA
DEL FISCAL MARIO IGUARÁN

Una vez se produjo la orden de captura contra David Murcia Guzmán y otros seis directivos de DMG, el Fiscal General de la Nación, expresó que *"hemos estructurado una petición sólida ante los jueces y vamos a demostrar que en DMG se realizaron acciones de diversa índole con el objeto de dar apariencia de legalidad y ocultar la verdad, pues los directivos de esta organización conocían del origen de los dineros".*

"Necesitábamos el informe de la Uiaf (Unidad Administrativa Especial de Información Análisis Financiero), los links, los seguimientos, las transacciones que pudieran estar haciendo estas empresas fachada. Ya hemos concluido la primera etapa de investigación y la Superintendencia de Sociedades determinó que existía una doble contabilidad", agregó el Fiscal General.

"Las personas contra las cuales la Fiscalía colombiana ha dictado las órdenes de captura (...), no estaban en capacidad de promover, patrocinar, fundar, desarrollar una empresa de esa naturaleza. Lo hicieron con recursos de origen ilícito", dijo Iguarán.

Además, aseguró que *"los directivos de DMG eran conocedores de la ilicitud de esos recursos y han procurado aparentar con legalidad ese origen, para lo cual la empresa llevaba una doble contabilidad"*, al tiempo que admitió la investigación es compleja, pues se trata del delito de lavado de activos.

"Así como en las investigaciones por terrorismo debemos investigar el destino de los recursos, aquí hay que investigar el origen de los recursos, y es tan complejo o más complejo que la misma investigación de la financiación del terrorismo", agregó el Fiscal.

Una vez el grupo DMG fue intervenido y sus instalaciones ocupadas por las autoridades, el fiscal Iguarán aseguró que algo más de 400.000 colombianos invirtieron en DMG, pues los computadores encontrados permiten establecer esta cifra. *"No se puede descartar que el lavado de activos se predique no sólo para aquel que promovió y fundó esta empresa de fachada, sino para aquellos que seguramente vieron aquí una oportunidad para lavar recursos que tenían encaletados o encanecados"*, advirtió el fiscal.

¿Libre de nuevo David Murcia Guzmán?

El 26 de noviembre el mismo Fiscal General, de acuerdo con la Oficina de Prensa de la Fiscalía, no descarta la posibilidad de aplicar el principio de oportunidad en el caso del representante legal de DMG, David Murcia Guzmán, y advirtió que este no significa *"ni impunidad ni libertad inmediata"*. Iguarán Arana explicó que el principio de oportunidad faculta a la Fiscalía para suspender, interrumpir o renunciar al procedimiento penal, siempre y cuando la persona investigada colabore eficazmente con la justicia, entre otras condiciones.

El Fiscal condicionó la aplicación de este instrumento a Murcia Guzmán, imputado por el delito de lavado de activos, si *"éste repara a la totalidad de los inversionistas afectados, identifica a los propietarios del efectivo blanqueado, se compromete a no continuar delinquiendo, y, además, se establece que esa persona no está investigada por narcotráfico"*.

"La aplicación del principio de oportunidad debe ser avalada por un juez, por el Ministerio Público y por las propias víctimas, quienes en este caso son nuestra principal preocupación", señaló el Fiscal General.

5

EL PROCURADOR AL ATAQUE

A la luz de los elementos probatorios esgrimidos por la Fiscalía en contra de DMG y que llevaron a la Jueza 31 a dictar medida de aseguramiento contra David Murcia Guzmán y dos personas más, la Procuraduría General de la Nación, en cabeza del Procurador General Edgardo Maya, inició investigación preliminar para establecer si funcionarios públicos, gobernadores, concejales y diputados o senadores recibieron dineros para permitir la operación libre de la captadora de dineros DMG.

El Procurador requirió al Consejo Nacional Electoral para que haga pública la financiación de las campañas de los 32 gobernadores, y que sea la ciudadanía y las autoridades las que tengan acceso a esta información y se empiecen a tomar determinaciones.

Maya denunció que inicialmente se encontraron mil millones de pesos, pero después, debido a la demora de los operativos de allanamiento, permitió que no se pudieran encontrar mas sumas de dinero. *"Como fue tardía la acción de las autoridades por un término de dos o tres días hoy no ha sido posible hallar el dinero ya que se brindó la oportunidad que se cambiaran de lugar todos los dineros que pudieron existir"* dijo el Procurador.

Así mismo, anunció que se va a investigar a todas las entidades públicas que debían vigilar el sistema financiero de la operancia y la constitución de las sociedades que ha sido reconocido por el propio jefe del Estado. Explicó que esta situación implica un trabajo complicado dentro de la aplicación de la ciencia penal debido a las implicaciones nacionales e internacionales.

Anunció además que una comisión del más alto nivel tomará determinaciones ejemplarizantes sobre el tema ya que, según él le puede caber responsabilidad a todos por la falta de operancia sobre todo en la forma como se dejó pasar en todas las ciudades este fenómeno. *"En estos aspectos puede ponerse a prueba la fortaleza de nuestro sistema penal las captaciones van a tener los ojos puestos en la administración de justicia"* dijo Maya Villazón.

El procurador Edgardo Maya, anunció que investigará a los congresistas que supuestamente recibieron dinero de DMG para incluir en la reforma financiera un artículo que legalizaba el comercio con tarjetas prepago y reveló que el traslado del dinero fue seguido por organismos de inteligencia. "760 millones, al edificio en donde arribó ese dinero y vamos a ver qué servidores públicos o qué personas servían de enlace para este fatídico propósito" declaró el Procurador, al tiempo que aseguró que "hubo negligencia por parte de funcionarios del Gobierno para intervenir las pirámides".

6

EL TALÓN DE AQUILES

Como se decía al inicio de esta sexta parte, el símil entre Capone y DMG no es descabellado. Para poner a Capone detrás de las rejas fue perseguido por el agente de la "Agencia de Prohibición" Eliot Ness y sus agentes incorruptibles, llamados "Los Intocables", y por el agente del Frank Wilson quienes fueron capaces de encontrar recibos que relacionaban a Capone con ingresos por juego ilegal y evasión de impuestos por esos ingresos.

Es decir se le encontró una doble contabilidad, una figura que, según la fiscal del caso DMG, llevaba este grupo "empresarial", pues en la audiencia de imputación de cargos reveló que existe una conversación de Murcia con una mujer conocida como Lina. *"En esa llamada, queda en evidencia una contabilidad A y una B. Murcia le insiste a Lina, que Pino debe ver la contabilidad B y no la A".*

Lo anterior mostraría con plena claridad que David Murcia Guzmán cuando contrató como asesor para revisar su Declaración de Renta al tributarista Guillermo Fino, lo engañó en forma expresa, cuando ordenó ocultar la existencia de una doble contabilidad. Murcia ordena que la contabilidad A no se la presente a "Pino", y solamente se le permita ver la contabilidad B.

Es el propio Murcia Guzmán quien ordena (en la conversación telefónica intervenida por la Fiscalía) a su persona de confianza Lina, como dice textualmente la Fiscal: *"Murcia le insiste a Lina, que Pino debe ver la contabilidad B y no la A"*. En lenguaje cifrado Murcia habla de "Pino" en vez de Fino, al referirse al experto tributarista.

Y por tanto la piedra en el zapato de DMG será, al parecer, su contador general Edilberto Santana quien manejaba, al parecer, una doble contabilidad que para las autoridades judiciales, esto se convierte en un indicio grave, pues implica que Murcia estaría presentando una fachada legal con sus operaciones DMG en la contabilidad oficial que presentaba a la Dian y sobre la cual alcanzó a pagar 56 mil millones de pesos de impuestos, pero que habría posiblemente otros movimientos de dinero no registrados contablemente ante la Dian configurándose la figura y delito de evasión tributaria.

Los millones de personas que depositaron sus ahorros en las empresas DMG alcanzarían a sumar, según cálculos financieros, aún no probados, más de 3.000 millones de dólares.

Este boquete financiero que se trasluciría en una doble contabilidad abriría la compuerta de posibles vinculaciones de Murcia con operaciones no legales y daría pie a las hipótesis de la Fiscalía de una economía subterránea e incluso de lavado de dinero de grandes contrabandistas o de grandes capos como "Macaco" según manifestó la Fiscalía.

SÉPTIMA PARTE

¿HÉROE O VILLANO?

1
¿Héroe o Villano?

El sueño americano es la ilusión de salir de la inmigración y la pobreza y alcanzar la consagración personal ya sea como un empresario audaz, un deportista, un artista, un científico brillante o un gran político coronados por el triunfo. Esa es la obsesión de toda madre estadounidense que quiere ver a su hijo triunfando en cualquier área o sector del arte, de la empresa, de la ciencia, del deporte o de la política americana. El sueño americano.

El sueño colombiano, entre nosotros, surge a raíz de la relativa democratización de la enseñanza en las grandes y medianas ciudades. Cada padre y madre de familia se esfuerza por educar a su hijo, de hacerlo "doctor", como el camino y la esperanza de una familia de clase media o pobre que busca posicionar a su hijo en el camino laureado de los profesionales, para facilitarle su consagración en diversos sectores productivos, culturales o políticos. El sueño colombiano.

Y cuando un sencillo hombre o mujer del pueblo llega a la cumbre viniendo desde abajo y ofrece el remedio para la pobreza y el subdesarrollo, ya sea de forma legal o ilegal amplio sectores marginados lo rodean, lo alaban y lo adoran.

Este sería el caso de David Murcia Guzmán, odiado por sectores dirigentes al crear un sueño exitoso con una ilusión no sostenible en una sociedad como la nuestra, y por tanto vituperado, encarcelado y enjuiciado por crear una falsa expectativa que raya en la ilegalidad y la economía ilícita.

En la otra orilla 4 millones de colombianos de escasos recursos que ven en las medidas contra Murcia la prueba del odio de una sociedad excluyente.

2
LECCIONES DEL CASO DMG

1. **La Banca Colombiana.** David Murcia Guzmán develó una verdad tan grande como el peñón de Gibraltar: nuestra Banca colombiana es cerrada, con muy poca bancarización, con desmedidos costos por los servicios que presta al usuario y con tasa de interés que hacen imposible un despegue industrial y agrícola del país. Y ante todo develó la exorbitante y despiadada tasa de intermediación bancaria: la más descomunal de América Latina; esta forma de proceder de la Banca extranjera y nacional facilitó y propició que 4 millones de colombianos marginados por los costos de la Banca, y por su pobreza misma, buscaran y encontraran en David Murcia un Mesías. Y por supuesto la total ineficiencia de la Superintendencia Bancaria y de la Superintendencia de Sociedades al no cumplir con eficacia las funciones sociales para las que también fueron creadas y no solo para el beneficio de los pocos propietarios de la Banca.

2. **Las Grandes Familias.** El desmedido afán de enriquecimiento de un hijo de las grandes familias bogotanas que ya nos tienen acostumbrados a que en

cada gran escándalo siempre figura uno de sus hijos preclaros, mal educado por sus familias, por colegios elitistas y en donde el afán de sus padres y familias por el voraz enriquecimiento se refleja en sus hijos sin escalas de valores.

3. **La Falla del Gobierno Uribe Vélez.** El no cumplimiento del Gobierno del Presidente de su obligación de ocuparse prioritariamente de las angustias de los sectores populares y el no impedir las tales pirámides propició que los excluidosacudieran a pirámides y a DMG ante la no presencia del Estado; no solo de seguridad democrática se alimenta una familia.

4. **Una Sociedad Mediática.** Murcia Guzmán dejó en evidencia que Colombia se volvió una sociedad mediática, en lugar de que sus instituciones funcionen con su dinámica y obligación propia para convertirse en entes que actúan más en función de la responsabilidad o irresponsabilidad del escándalo que suscitan los medios.

5. **Los Abogados.** David Murcia Guzmán también develó la doble moral con la que actúan algunos abogados, asesores, ex fiscales lucrándose con exorbitantes honorarios provenientes de dineros mal habidos.

6. **La Pérdida de Valores.** Murcia también destapó la pérdida galopante de valores de la sociedad colombiana en conjunto, de centenares de miles de familias, pues

gran parte de ellas prefieren la búsqueda del dinero fácil y rápido que la ortodoxia del trabajo, de los valores, del recto proceder y del dinero bien habido. Una sociedad donde el fin "justifica" los medios.

3
Las Preguntas sin resolver
del Negocio DMG

Hay posiciones antagónicas y radicales en Pro y en Contra de DMG. Fortalezas y Debilidades. Y en el Balance final hay a la vez aciertos innegables de la estructura DMG como también delicadas preguntas sin resolver.

Las altas utilidades recibidas por los depositantes de 50% a seis meses, ni que decir de quienes recibieron 100% en solo seis meses.

¿Por qué los bancos sólo pueden ofrecer beneficios únicos de 5% semestral, mientras David Murcia comprobadamente entregó a 250.000 familias 10 y 20 veces más beneficios, durante años enteros sin faltarle a una sola persona?

Una explicación parcial suministrada por Funcionarios de DMG para este libro:

- Un 20 ó 30% lo lograba lícitamente DMG vendiendo los productos en su Megatienda de la Autopista Norte de Bogota, por recargar o sobrevaluar los productos entregados a los depositantes con un 20 ó 30% de sobreprecio de esos productos. Los ahorradores lo aceptaban pues era la forma de recuperar en especie el dinero entregado y así el riesgo de perderlo todo desaparecía y en contraste crecía la confianza y esperanza de esperar solo 6 meses para recibir en dinero otro 50 o 100% del dinero entregado.

- Otro 40 ó 50% también lo lograba DMG de comisión o descuento que un proveedor le pagaba por colocar su stand en DMG y venderle al circulo cerrado de ahorradores de la Familia DMG.

- Otro 10 o 20% en rendimientos financieros a 6 meses que con inversiones inteligentes por parte de DMG podría obtener con gigantes capitales aportados por sus ahorradores.

Otro porcentaje lo lograba DMG entregando a sus inversionistas productos propios fabricados por DMG y con altas tasas de ganacias, lo que explica parte de la constitución de centenares de empresas para cada una hacer un producto o prestar un servicio.

La sumatoria promedio de estos beneficios cubría con creces 50% o más de los beneficios prometidos o réditos entregados a los depositantes. Y hasta aquí, el Negocio DMG es totalmente lícito, admirable y sustentado con su dinámica comercial y su estructura de las dos tarjetas prepago.

Si Murcia ofreciera a sus clientes que adquirían tarjetas prepago un beneficio o pago por el Contrato de Publicidad Personalizada de solo 30 ó 40% de la suma depositada, este pago lo obtendría ampliamente DMG de los ganancias de los productos y servicios que vendía, sin que se prestase a suspicacias o sospechas acerca del origen de sus negocios. Y este pago del 30 ó 40% sobre el dinero invertido por un usuario, equivaldría a 300 ó 400% de lo que actualmente paga la Banca a quien les abre un CDT, pues esta sólo paga el 10,11%. Este pago de DMG pondría al sector financiero en aprietos por siempre.

Pero queda sin responder la segunda parte de la pregunta. Y el otro 20 ó 40% % de beneficios entregados, menos los gastos de operación de DMG mas los beneficios para el señor Murcia, ¿de dónde salían?

Los asesores de Murcia y el mismo, se empecinan –sin pruebas– en defender que el posicionamiento de la Marca DMG es un producto que genera beneficios por si mismo. Esto sería válido, en un futuro cuando Murcia hubiese vendido Franquicias de DMG a múltiples países como una multinacional que las franquician por el uso de su marca y de su *Know How*, como al parecer sucedió en Panamá –según afirma Murcia– quien se defiende indicando que por la Franquicia panameña recibió 3 millones de dólares y argumenta que esperaba vender su Franquicia DMG para 100 países, con beneficios de 300 millones de dólares.

Pero una meta, un propósito, un sueño no explica el presente.

Parecería que del David Murcia que inició en Putumayo hasta alcanzar una utilidad de 100 millones de pesos mediante un negocio de compra-venta de bienes y de electrodomésticos ya fuese con capital adelantado por sus mismos clientes o mediante préstamos que devolvía con 10% mensual de intereses.

Pero ese próspero negocio local, Murcia pretendió masificarlo y creó la marca DMG en torno a su nombre, pero ofreciendo elevadísimos beneficios (intereses) que no todos pueden explicarse al parecer con la estructura de compra-venta que él utilizaba en Putumayo y en esto quedan preguntas sin responder.

En segundo lugar, tanto dinero recibido a diario en volúmenes tan gigantes se prestaría para inversiones de DMG en negocios extralegales, como lo afirma la Fiscalía al proferir el auto de detención. Podría pensarse que la estructura de Tarjetas Prepago más el Contrato de Publicidad Personalizada de la Marca DMG fuese una ingeniosa estructura concebida y ejecutada por los asesores legales, tributarios y fiscales de Murcia, pero algo tardía para explicar cómo alcanzaba a generar utilidades muy superiores al ya rentable negocio de compra-venta de productos.

Esta tardía estructuración del modelo DMG, es lo que abriría paso a lo que la Fiscalía denomina una doble contabilidad y una posible desviación de dineros provenientes de la economía formal que Murcia recibía y presuntamente desviados hacia las economías subterráneas que circulan paralelamente en los San Andresitos, Providencias, San Victorinos, Puertos y de allí al dinero ilícito del contrabando o e lavadero de dineros ilícitos hay un corto paso que, según la Fiscalía, David Murcia Guzmán lo dio.Lamentablemente lo habría dado. Falta por comprobarse.

Pero mientras estas hipótesis se abren paso y Murcia es sindicado, enjuiciado y presumiblemente condenado, 4 millones de colombianos se beneficiaron durante estos últimos 4 años de DMG y Murcia siempre fue un responsable cumplidor de su palabra empeñada.

¿Héroe o Villano?

Héroe para la sociedad ecxluida...

Villano para los beneficiados del Establecimiento...

¿Héroe o Villano?
Héroe para la sociedad
excluida...
Villano para los
beneficiados del
Establecimiento...